本书得到了首都经济贸易大学北京市属高校基本科研业务费专项资金"青年教师科研启动基金项目：中国农业适度规模经营问题研究（XRZ2020050）"

国家社会科学基金重大项目"中国新型城镇化：五个维度协同发展研究（14ZDA035）"的资助。

中国农业适度规模
经营问题研究

Zhongguo Nongye Shidu Guimo
Jingying Wenti Yanjiu

鄢姣／著

人民出版社

目　　录

绪　论

一、研究背景

农业适度规模经营问题是中国农村改革的重点问题，也是农业供给侧结构性改革的关键问题。农业适度规模经营问题的核心是土地适度规模经营，而土地适度规模经营离不开稳定的土地制度、规范的土地流转市场等基础性的制度保障。2019 年"中央一号文件"将土地制度改革作为推动农村改革的主动力，在坚持土地归集体所有、家庭经营为基础单位的前提下，重点强调了土地承包关系的稳定性和农业经营方式的创新性。在此之前，党的十八大后中央连续五年致力于农村土地确权工作，现已基本完成，党的十九大研究出台了第二轮土地承包到期后再延长 30 年的决策，目的就是保证农民土地承包关系的长久性。此外，在完善土地承包关系、"三权分置"的政策体系下，发展多元化的农业适度规模经营同样受到中央的高度重视。比如，党的十八届三中全会提出要发展多种形式的农业产业化经营，赋予农民对承包土地更多的"权能"，如占有、使用、收益、流转及承包经营抵押、担保和经营权入股等。2014 年，中共中央办公厅、国务院办公厅颁布《关于引导农村土地经营权有序流转发展农业适度规模经营的意见》，要求合理确定土地经营规模，发展多种形式的农业适度规模经营，同时加强培育新型农业经营主体。2017 年"中央一号文件"提出加快发展土地流转型和农业服务带动型的多元化农业适度规模经营。2019 年"中央一号文件"提出重视发展家庭农场和农民合作社两类新型农业经营主体，同时扶持小农户的发展，以提高农业生产效率。可见，新型农业经营主体在农业适度规模经营中发挥了重要作用。目前，以土地入股、合作为主的土地流转型和以土地托管为主的服务带动型适度规模经营正在有序发展，家庭农场、合作社、龙头企业、农业社会化服务组织等多类新型农业经营主体也正在蓬勃兴起。

然而，目前中国实现农业规模化经营仍面临着很多阻碍。第一，中国幅员辽阔、人多地少，各地农业资源禀赋差异很大，很多丘陵地区地块零散，无法实现连片经营。第二，中国是小农户占大多数的国家，有近2亿的农业经营主体属于小规模经营农户，占农业经营主体总数的60%以上，而专业大户、家庭农场及农民合作社等新型农业经营主体仅占30%左右，说明中国在相当长的一段时期内仍是处于传统农业经营主体与新型农业经营主体共存的格局。第三，农业从业人员占全社会就业人员比例与农业产出占GDP的比例相悖。2018年年底，农业从业人员占总就业人员的26.1%，而农业产出仅占GDP的7.2%，[1] 为何如此之多的农业从业人员对GDP的贡献度不足8%？统计数据表明，2017年年底，农村居民可支配收入中，工资性收入占40.9%。[2] 可以看出，农业从业人员大多不是全职从事农业生产，农户兼业现象非常普遍，而农户兼业对提高农业生产效率、发展规模化经营非常不利。因此，由于这些客观因素的存在，短期内中国很难真正实现现代化的农业规模经营。

在新时代改革开放的背景下，提高农民收入、增强农业竞争力是农村和农业发展的主要目标。各种鼓励农业适度规模经营的政策频繁出台，实际上，自实行家庭联产承包责任制以来，党中央就一直非常重视农业的适度规模经营，并将其作为迈向农业现代化道路的必然选择。自1987年"中央五号文件"《把农村改革引向深入》首次明确提出农业"适度规模经营"以来，中央连续多年出台了鼓励农业适度规模经营的相关政策。直

---

① 国家统计局：《中国统计年鉴（2019）》，见 http：//www. stats. gov. cn/tjsj/ndsj/2019/indexch. htm。

② 国家统计局：《中国农村统计年鉴（2018）》，见 http：//tongji. cnki. net/kns55/Navi/YearBook. aspx？id = N2019030220&floor = 1。

到 2019 年"中央一号文件"再次明确提到"突出抓好家庭农场和农民合作社两类新型农业经营主体……落实扶持小农户和现代农业发展有机衔接的政策……健全土地流转规范管理制度，发展多种形式农业适度规模经营"。

至此，有利于农业适度规模经营的经济、政策和法律环境已经形成，农业适度规模经营开始逐步发展。学术界也对农业适度规模经营的相关问题做了很多研究。例如，许庆和尹荣梁（2010）梳理过关于中国农业土地规模经营问题的国内外研究进展；谢冬水（2011）、石晓平和郎海如（2013）分别评述了关于农地经营规模与土地生产率、劳动生产率和全要素生产率等不同生产率指标关系的相关研究；臧涛等（2018）从农户意愿和行为机理、适度值测算、经营主体及运营模式、经营效应等方面介绍了国内学者对于耕地规模经营问题的研究进展。已有研究对农业适度规模经营的内涵和必要性、农业适度规模经营模式和实际效果进行了全面系统的分析，回答了农业适度规模经营的四个根本问题，即"是什么""为什么""怎么做""怎么样"。基于学者们的大量已有研究，可以确定的是，农业适度规模经营问题依然是具有重要理论价值和现实意义的研究主题，同时，在经济社会发展的新形势下，农业适度规模经营问题需要进一步深入思考和探究。

二、问题的提出及研究意义

基于以上对当前我国农业适度规模经营问题的研究背景的分析，可以看出，将土地流转型适度规模经营和服务带动型适度规模经营两种模式结合发展，是中国农业适度规模经营发展的主要方向，引领着当前农业现代化发展的进程。因此，本书研究的农业适度规模经营是一个包含土地流转型与服务带动型适度规模经营的体系，并非仅是传统意义上的土地适度规模经营。据此，将进一步提出如下几个有待研究的具体问题，并针对所提的问题从不同层面总结研究意义。

（一）问题的提出

人多地少、人地关系紧张是中国长期的历史问题，中国农业长久以来的发展离不开普通小农户密度化投入的支撑（Huang，1985）；当前中国农业的发展依然需要普通小农户的力量（姚洋，2017）。在这样的现实条件下，坚持家庭为基本经营单位，发展农业适度规模经营是正确的选择。制约土地规模化的因素有很多，其中，土地流转速度与集中程度是土地规模化经营的主要障碍（刘守英，2019）。近年来对农业规模的研究从土地规模化逐渐延伸到服务规模化，提出土地与服务规模化的组合效率是实现中国农业规模化经营的重要途径（刘守英等，2016；仇童伟和罗必良，2018）。

但是已有文献欠缺对农业适度规模经营问题研究的清晰的发展脉络、统一的理论框架，评价农业适度规模经营范围的多角度多层面的科学评估体系以及紧随时代发展的政策取向。此外，已有的相关文献在实证研究时由于计量方法、模型设定和数据样本的不同，得出的研究结论差异较大。在当前全球化及市场化的大背景下，农业适度规模经营的发展面临着诸多挑战，如何更加科学、客观及合理地发展农业适度规模经营是接下来研究的主要方向。为此，本书的研究思路将从如下四个方面进行展开：首先，思想上有必要系统梳理农业适度规模经营的发展脉络和政策背景。其次，理论上有必要进一步探究推进土地适度规模经营和农业生产性服务业规模经营的内在机制和原理。再次，实证上有必要进一步改进研究方法，对于农业适度规模经营的生产绩效进行评价。最后，基于当前的农业生产技术有必要采用最新的数据对于当前的农业规模化经营的适度区间进行探究。基于此，我们将本书研究的问题梳理成如下几点，而本书的主要研究内容将围绕这些问题进行展开。

第一，中国农业的规模经营在政策和实践上经历了怎样的发展历程？目前处于怎样的发展阶段？新中国成立以来，中国的农村土地制度发生了很大变化，随着政策的不断调整，在实践层面的农村土地制度安排也在不断变化。特别地，改革开放以来，各项农村和农业发展的政策不断健全和完善。了解这些政策形成的历史背景和发展现状，是分析中国农业适度规模经营问题的基础。

第二，应该如何理解中国农业规模经营的理论逻辑和内在机制？在一定的技术水平下，农业生产的投入要素包括土地、劳动力、资本等多种生产资料，而土地是核心要素。农业经营主体在获得一定数量的土地后，会相应地选择其他生产资料的规模与经营的土地结合，在给定的技术水平下实现自身经济效益的最大化。那么，应该如何选取土地规模经营的最优目标，而土地规模又是如何影响最终的效益目标的？

第三，当前技术水平下，土地规模经营的适度区间是多少？农业经营主体实现适度规模经营的目标是最大化自身的经济效益，而农业适度规模经营的核心又是土地适度规模经营，那么，土地规模与生产效率之间有着怎样的关系？进一步地，农业的产出、成本及利润是农业经营主体的核心关注点，那么，若基于这三个层面进行分析，当前土地适度规模经营的"度"是多少？

第四，当前技术水平下，基于土地流转选择的规模经营的适度区间是多少？土地流转是农业经营主体实现适度规模经营的直接途径，农业经营主体基于什么样的考虑作出参与土地流转的决策？农业经营主体参与土地流转对其生产效率有着怎样的影响？农业经营主体无论是参与土地转入还是土地转出，在现有的农业技术水平下，都会实现一个均衡的经营规模，即土地的适度经营规模，那么这个"度"又是多少？

第五，服务业规模经营在农业的适度规模经营中扮演着怎样的角色？全面发展农业适度规模经营离不开农业生产性服务业的规模化经营，那么农业服务业规模经营是否可以提高农业生产效率，从而与土地适度规模经营共同成为实现农业适度规模经营的重要方式呢？

（二）研究意义

自1949年新中国成立以来，以土地改革为代表的农业规模经营制度变迁发展至今已经70多年了，在这极具意义的时刻里研究中国农业适度规模经营的问题对总结我国农业发展经验、提高我国农业高质量发展水平具有重要的全局性意义。

农业适度规模经营在深化农业供给侧结构性改革、推动农业现代化发展等领域发挥了重要作用。中央政府对农业适度规模经营一直以来都是支持的态度，在2019年"中央一号文件"以及中共中央办公厅、国务院办公厅印发的《关于促进小农户和现代农业发展有机衔接的意见》中均提到"发展多种形式的农业适度规模经营"，为此中央也开展了多种卓有成效的实践。总之，本书的研究对于当前中国农业适度规模经营的理论分析和政策探讨具有重要现实意义，对于进一步认识农业适度规模经营的效果、完善最优适度规模经营的区间具有重要学术价值。综上所述，本书的研究意义可以概括为如下几点。

1. 战略意义

本书服务于推动农村改革、深化农业供给侧结构性改革和实现乡村振兴的国家战略需要。农业适度规模经营的核心是土地适度规模经营，土地适度规模经营构建在土地之上，2019年"中央一号文件"强调要以土地制度改革作为推进农村改革的牵引力，此外，农业社会化服务业是适度规模经营的另一条核心发展路线。农业服务业的发展可积极推动农村内部第一、二、三产业的快速融合发展，促进农村各种生产要素的流动，为农村劳动力创造更多就业机会，为推动农村改革、深化供给侧结构性改革和实现乡村振兴提供支持。

2. 现实意义

本书依据不同的目标导向，以农业生产效率最优化为标准，因地制宜地合理确定适度经营的规模。自新中国成立以来，农业经营的模式经历了无数次的变迁，最终发展到现在的土地流转型与服务带动型适度规模经营相结合的多元化农业适度规模经营。提高生产效率是农业生产的核心目标之一，本书以此为衡量标尺，从不同维度和层面探讨了农业适度规模经营的范围，为进一步促进农业适度规模经营的发展提供客观、具体的现实依据。

3. 理论意义

基于规模经营的相关理论，本书建立了农户规模经营的基准模型，并在此基础上构建了农业经营的适度规模分析框架，有利于丰富和发展农业适度规模经营的理论体系。目前，对农业适度规模经营问题的研究中并没有一个完善的理论基准模型，而本书首先基于规模经营的相关理论建立农户规模经营的基准模型，在这个模型基础上构建了农业经营的适度规模分析框架；然后，从生产效率的定义和内涵出发，提出农业经营的生产效率分析方法；最后，讨论了农业适度规模经营与生产效率间关系的影响机制，进一步丰富了农业适度规模经营问题研究的理论机制。

4. 方法论价值

本书为科学研究农业适度规模经营问题提供相应的分析方法。在理解了农业适度规模经营研究的基础上，本研究从农业生产效率的内涵和估计方法两个方面做了仔细研究，厘清了生产效率和生产率之间的差异，运用专门测算效率的随机前沿分析（Stochastic Frontier Approach，SFA）方法对农业生产效率进行具体估计，建立经济学计量模型进行多层次多角度的探讨和分析，力求为研究农业适度规模经营问题提供科学和客观的分析方法。

5. 政策意义

本书为进一步发展农业适度规模经营提供政策参考。农业适度规模经营问题是中央长期关注的问题，在政策支持、实践操作方面付出了大量的努力。随着工业化、城镇化、市场化及经济形势的变化，农业适度规模经营的政策也在适时调整，基于此，本书通过对农业适度规模经营问题的深入研究，为进一步调整和实施农业适度规模经营政策提供重要的参考依据。

三、研究的主要内容及技术路线图

（一）研究的主要内容

关于农业适度规模经营问题的研究有很多，但围绕以上提出的问题，本书主要研究以下几个方面。

1. 农业适度规模经营的发展背景及当前现状

为了深入认识中国农业适度规模经营的研究问题，本书梳理了中国农业适度规模经营发展的政策变迁与历史进程，并分析了当前农业适度规模经营的发展现状。具体而言，从土地规模经营与服务规模经营两个层面的发展历程进行分阶段研究，最后基于当前土地规模经营及服务规模经营的表现形式等方面阐述了发展现状，为接下来的研究提供更加详细的历史资料、清晰的分析脉络以及完整的研究背景。

2. 农业适度规模经营问题的理论机制构建

在当前中国宏观经济政策的背景下，基于相关文献、农业适度规模经营发展历程与现状分析，为了更好地理解农业适度规模经营的内在机制和评价标准，本书构建了一个刻画农业生产的理论框架。首先，从规模经营的理论基础出发，介绍关于农业适度规模经营分析的理论起源和基本假设；其次，基于农业生产技术的特征，建立农业规模经营分析的基准模型，并分析各种投入要素的优化组合关系；再次，借助基准模型进行农业规模经营的生产效率分析；最后，依据中国农业生产的特点，对于农业适度规模经营与生产效率关系的机制进行讨论，进一步分析影响农业规模经营的各种可能因素。

3. 分析土地规模经营与生产效率的关系

在农业适度规模经营问题的理论机制构建之上，深入探讨了土地经营规模与生产效率的关系。这一部分具体包括以下内容：（1）根据实证分析的样本数据，利用统计描述，从农业产出、成本和利润三个视角观察土地规模与生产效率可能存在的相关关系；（2）分别以农业产出、成本和利润三个维度建立经济计量模型，定量识别土地规模与生产效率的关系；（3）基于上述的三个经济计量模型，从农业产出、成本和利润最优化三个层面分别确定土地适度规模经营的范围。

4. 分析土地流转后的适度规模经营范围

基于理论分析，土地流转是实现适度规模经营的直接途径。这部分主要包括以下三方面内容：（1）借助于土地流转的农户决策模型，分析土地流转对农业生产效率影响的传导机制；（2）通过对比2010年和2012年中国家庭追踪调查（Chinese Family Panel Studies，CFPS）数据中农户样本的土地流转发生情况及农业生产的基本状况，观察农户参与土地转入、转出和亩均产出的变化趋势，再分别建立土地转入与转出的经济计量模型，以准确识别土地流转与农业生产效率的关系；（3）通过计量分析分别确定土地转入与转出后的适度规模经营范围。

5. 分析农业生产性服务业在农业适度规模经营中的作用

基于宏观政策与理论机制研究发现社会化服务是实现农业适度规模经营的重要途径之一，本书继而运用定量分析的方法客观分析农业生产性服务业在农业适度规模经营中的作用。具体包括两个方面：（1）借助于两部门模型，分析农业生产性服务业对农业产出的溢出效应，并通过溢出效应体现其对农业生产效率的传导机制；（2）建立经济计量分析模型，从农业生产性服务业的规模化与专业化视角，识别其对农业生产效率的关系，作为判定农业生产性服务业在规模经营中作用的重要依据。

6. 基于上述研究得出政策含义

基于不同分析视角下土地适度规模经营的范围、农户参与土地流转后的适度规模经营范围、农业生产性服务业在适度规模经营中的作用以及相关的统计分析，并结合当前中国农业适度规模经营的发展现状提出一些建议，希望为实现农业供给侧结构性改革、促进农业现代化发展提供参考。

（二）技术路线图

本书研究了中国农业适度规模经营与生产效率的相关性，并从多个维度探讨了适度规模经营的范围。根据本书的主要研究内容，可将技术路线图绘制成图0－1。

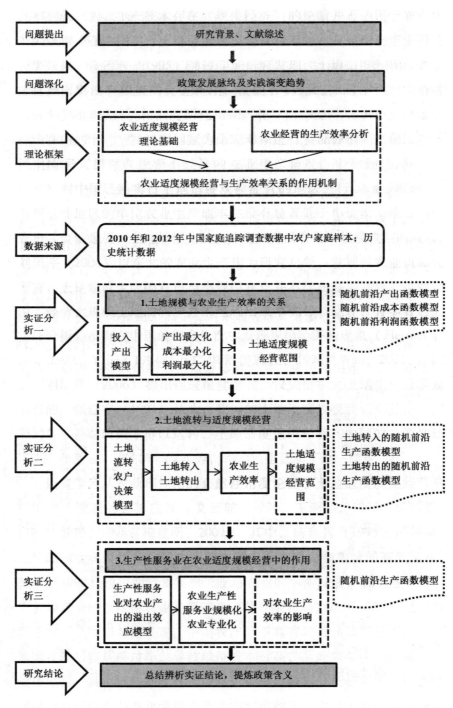

图 0-1 技术路线图

四、结构安排

根据以上分析，本书设定如下章节。

绪论：本章主要对研究背景、问题的提出及研究意义、研究的主要内容和技术路线图、论文结构、研究方法和数据来源以及相关概念的辨析及说明等进行阐述，提出本书可能的创新点、不足及研究展望。

第一章：农业适度规模经营问题研究综述。本章主要通过梳理农业适度规模经营的内涵、必要性、实现途径和具体模式、效果评估以及农业生产效率的相关研究，对已有研究作出简要评价，为接下来的研究提供文献指引。

第二章：中国农业适度规模经营的发展历程与现状分析。本章主要以时间为线索，以重要事件为依托划分了几个发展阶段，研究了我国土地流转型和服务带动型适度规模经营的发展历程，并分析了当前我国农业适度规模经营的发展现状。

第三章：农业适度规模经营理论与生产效率分析。本章首先基于规模经营的相关理论建立农户的规模经营基准模型，在这个模型基础上构建了农业经营的适度规模分析框架。然后，从生产效率的定义和内涵出发，提出农业经营的生产效率分析方法，特别地，从技术效率和配置效率等角度界定了效率度量的分析方法。最后，讨论了农业适度规模经营与生产效率之间关系的影响机制，并基于农业的规模经济理论提出了三个理论预测。

第四章：土地规模经营与生产效率的关系检验。本章借助于随机前沿分析方法，利用 2012 年中国家庭追踪调查数据中农户家庭样本进行实证检验。[1] 分别以农业产出最大化、成本最小化和利润最大化为

---

[1]　这里需要说明的是，CFPS 自 2010 年展开全国范围的家庭追踪调查后，目前有 2010 年、2012 年、2014 年和 2016 年四年的全国家庭追踪调查数据，但是，2010 年的数据样本中仅简单且粗略地涉及了农户家庭农业经营的相关问题，而 2014 年与 2016 年 CFPS 的数据样本中没有涉及农户家庭经营土地亩数的相关问题，因此，2010 年、2014 年及 2016 年的农户样本无法运用到本书的研究问题中，仅有 2012 年 CFPS 的农户家庭样本信息覆盖了本书所需的全部变量。

目标函数，将农户经营的土地规模及土地规模的分组情况作为核心解释变量，分别建立随机前沿产出函数模型、随机前沿成本函数模型和随机前沿利润函数模型，深入探究土地规模经营和农业生产效率的关系，并分别确定土地适度规模经营的范围。

第五章：土地流转与适度规模经营。本章首先借助于土地流转的农户决策模型提出两个假说，然后通过对比 2010 年和 2012 年 CFPS 数据中农户家庭样本的土地流转情况，观察土地流转的发展趋势及其与土地产出率的简单联系，继而利用 2012 年 CFPS 的农户家庭样本构建随机前沿分析模型对理论假说进行实证检验。研究了土地流转对农业生产效率的影响，并在此基础上找寻农户参与土地流转后的适度规模经营范围。

第六章：农业生产性服务业在农业适度规模经营中的作用。本章基于农业生产效率对农业产出的溢出效应模型，运用两部门模型分析了农业生产性服务业对农业产出的溢出效应，通过溢出效应体现其对农业生产效率的传导机制，并提出两个理论假说。继而基于 2012 年 CFPS 数据中的农户家庭样本，运用随机前沿分析方法对理论假说进行实证检验。

第七章：中国农业适度规模经营问题研究结论及政策建议。对前面章节形成的结论进行总结和比较辨析，并结合当前我国农业适度规模经营发展趋势及主要问题，为推进农业供给侧结构性改革和农业现代化提出相应的政策建议。

五、研究方法及数据来源

本书采用如下的研究方法与数据样本对以上列出的主要研究内容进行具体分析。

（一）研究方法

主要运用的研究方法有以下四个。

1. 文献资料的收集分析

本书从三个层面对文献资料进行了收集。一是收集了与农业适度规模经营的内涵、农业适度规模经营的必要性、农业适度规模经营的实现途径、农业适度规模经营的效果评估以及农业生产效率相关的研究文献并进行评述。二是按照时间顺序收集整理了农业适度规模经营的相关政策文件以及调研报告等。三是收集了与农业适度规模经营和农业生产效率相关的理论研究，以厘清二者间的作用机制。

2. 数据收集与统计分析

本书数据主要用到了由北京大学中国社会科学调查中心启动的CFPS 数据中的农户家庭样本，第五章、第六章和第七章实证分析所用的样本为 2012 年 CFPS 数据中的农户家庭样本，而在第六章进行统计分析对比时还用到了 2010 年 CFPS 数据中的农户家庭样本，其他章节在描述我国农业适度规模经营的发展历程、现状与问题时还运用了国家统计局等官方网站发布的宏观数据，以及已有研究的调研数据。统计分析的目的在于用简单的数学方法观察不同变量间的相互关系、变化规律以及发展趋势，然而统计分析仅能观察到单个要素间的相互关系，并没有控制住其他可能影响二者关系的因素，因此所得结果并不完全可靠，需要计量分析进一步证实。

3. 定性分析

本书的定性分析主要包括三个方面：一是以时间为脉络，分析了我国农业适度规模经营的发展历程；二是在农业适度规模经营和农业生产效率的理论基础上，构建农业适度规模经营分析所需的理论机制和研究框架，为接下来的实证研究作出理论指导；三是在农业适度规模经营问题的实证分析基础上，对未来我国农业适度规模经营的发展趋势和方向进行定性分析。

4. 计量分析方法

SFA 是用来测度生产效率的一种专门计量分析方法，本质是在技术水平一定时，从投入—产出的角度分析效率损失的大小。农业生产效率指农业实际产出与最大可能产出的比率，而 SFA 便是用来估计最大可能生产前沿面的分析方法。具体地，本书用到的随机前沿分析模型大致可分为三种类型，分别是随机前沿产出函数模型、随机前沿成本函数模型和随机前沿利润函数模型。对于随机前沿产出函数模型，在不考虑配置效率和规模效率的前提下设定生产函数的具体形式，当农业投入和生产技术一定时，用 SFA 可求出最大产出前沿面，而技术无效率导致了实际产出低于最大可能产出前沿面，由此差异便可求出技术无效率的对立面技术效率，即以产出最大化为目标的农业生产效率（以下简称"农业生产效率"）。对于随机前沿成本函数模型，在不考虑规模效率的前提下假设所有投入变量均是配置有效率的，进而设定成本函数形式，同样用 SFA 估计出成本最小化的前沿面，而技术无效率导致了实际成本高于最小成本前沿面，由此可计算出以成本最小化为目标的农业生产效率（以下简称"农业成本效率"）。同理，对于随机前沿利润函数模型，在不考虑规模效率的前提下假设配置是有效率的，设定利润函数形式，用 SFA 估计出利润最大化的前沿面，由于技术无效率引起实际利润低于利润最大化的前沿面，便可得出以利润最大化为目标的农业生产效率（以下简称"农业利润效率"）。此外，第六章和第七章中分析土地流转和农业生产性服务业规模时所用到的模型均为随机前沿产出函数模型，其原理与上文是一样的，有所差异的是，为了检验结果的稳健性，第六章和第七章分别用以土地产出率和劳动生产率为产出目标的生产效率作为农业生产效率的表现形式。

　　SFA 在估计模型的技术效率时，常用到的方法有两种，分别是"一步法"和"两步法"。其中，"两步法"是早期学者偏好的估计方法，其原理是在估计生产前沿函数的距离函数时先不考虑影响技术效率的因素，在估计完生产函数的距离函数之后，再计算出技术无效率（与技术效率相对），将其作为因变量，选择一些影响农业生产技术效率的因素作为自变量，然后进行回归。然而，这种估计方法有一个缺点，即前后两个步骤里对技术无效率的分布函数设定不统一，这样会导致估计出来的结果是有偏差和不一致的（Wang 和 Schmidt，2002）。

就此，科埃利和巴蒂（Coelli 和 Battese，1996）对"两步法"的技术效率估计方法进行了改进，提出了"一步法"，其优点是估计技术效率时的分布函数设定是一致的，可以同时实现以上两个步骤。考虑到"一步法"能够更加准确地估计出技术无效率，因此本书采用"一步法"估计随机前沿函数模型和技术效率模型。

（二）数据来源

本书主要采用宏观数据与微观数据相结合的方式，从宏观、微观多个层面分析我国农业适度规模经营的相关问题。数据来源主要包括以下类型。

1. 宏观数据

本书在阐述我国农业适度规模经营的发展历程、现状以及存在的问题时用到了大量的宏观数据，这些数据源于不同年份的《中国统计年鉴》、《中国农村统计年鉴》、《1954 年农家收支调查报告》、《中华人民共和国经济史简编》、《当代中国农业合作社》、《中国农业统计年鉴》（1996—2000）、《农民工监测调查报告》、《中国农村经营管理统计年报（2015 年）》、《全国农村经营管理资料》等资料。

2. 微观数据

本书实证分析的数据来源于北京大学中国社会科学调查中心（ISSS）主持的中国家庭追踪调查数据。该项数据来自 25 个省（自治区、直辖市）的抽样调查①，全部样本数量为 16000 户，调查了家庭中的全部成员。问卷设计分为三种类型，分别是个体问卷、家庭问卷和社区问卷，内容涉及了社会、经济、人口和教育等多项学科的各项指标。CFPS 数据首轮调查是在 2008 年，但当时仅是对北京、上海和

---

① 25 个省（自治区、直辖市）包括：黑龙江省、辽宁省、吉林省、河北省、河南省、湖北省、湖南省、山东省、山西省、陕西省、安徽省、浙江省、江苏省、福建省、广东省、四川省、青海省、甘肃省、江西省、北京市、上海市、天津市、重庆市、宁夏回族自治区、广西壮族自治区。

广东三个地方进行了抽样调查，随后 2009 年再次对这三个地方进行了追踪调查，直到 2010 年才开始基于 25 个省（自治区、直辖市）进行全面的抽样调查，同时将抽样家庭的所有成员及其未来的子女均作为数据的调查对象，成为永久追踪样本个体。随后，2012 年、2014 年和 2016 年，CFPS 对所有基线家庭成员进行了追访。CFPS 问卷共有四个类型，分别是家庭、成人、少儿和社区。其中，家庭问卷包含了家庭农业经营、社会资本和人口特征等信息，成人问卷里涵盖了户主信息，社区问卷则提供了村、省等信息。但是，2010 年 CFPS 问卷中对农户农业生产的相关问题设计不够细致，没有农业生产相关投入、产出的具体信息，此外，2014 年与 2016 年 CFPS 问卷没有涉及农户土地经营面积等相关信息，因此，本书在实证分析时仅选用了涵盖本书所需全部数据信息的 2012 年 CFPS 数据中的农户家庭样本①，在分析土地流转的变化趋势时还用到了 2010 年的 CFPS 数据中农户家庭样本与之比对。这里需要说明的是，由于 2012 年 CFPS 问卷中无法对种植作物的类别进行分类，因此，本书的样本包含了所有的种植作物类别，这是本书样本的一个限制。最终，样本保留了从事种植业的农户②，同时，根据研究所需，删除了关键变量严重缺失和有偏的样本，具体分析详情见以下章节。

此外，数据来源还包括专业文献和数据网站，如谷歌学术、中国知网等网站。

六、相关概念的辨析及说明

农业经营规模。农业经营规模具有多种表现形式，是一个综合的概念，指农业生产过程中投入要素的组合方式（屈小博，2009）。如

---

① 从天气、降雨量等一系列影响农业生产的指标来看，2012 年是一个正常年，所得的研究结果具有普适性，因此 2012 年的数据可以说明本书研究的问题。

② 本书考虑如果按照广义的农业概念，将种植业、林业、渔业及畜牧业放在一起比较有失科学性，因为其投入与产出无论在内容上还是在时间上都有很大差别，故本书只选取了传统意义上的种植业作为研究对象。

衡量土地要素规模的土地经营规模，以及衡量多生产要素的产值规模等，但现有的文献多指土地经营规模，因为土地经营规模是配置其他生产要素的基础，在表现农业经营规模的众多形式中具有重要意义（张忠明，2008）。因此，在涉及农业经营规模时通常指土地经营规模。

农业规模经营。农业规模经营指农业生产的规模化，可包含农业的内部和外部规模经营两部分。更为深入地，农业规模经营指在农业生产过程中，如何将农业生产要素进行规模化使用，这里的生产要素也指生产资料。最常见的农业生产要素有土地、劳动力和资本，因此农业规模经营也就有了基于土地、劳动力和资本规模化使用的土地规模经营和服务业规模经营，即是本书口农业规模经营的具体含义。

农业适度规模经营。《现代汉语词典》中"适度"意为程度适合。"适度规模"可理解为合适的规模，农业经营的规模不是越大越好，而是需要讲究适度或最优规模。文献中，大家基于要素优化配置实现规模经济对农业适度规模进行了界定。许庆和尹荣梁（2010）强调农业适度规模经营的重心不应该放在土地规模的扩大上，而应该放在如何配置农业生产要素，使农业生产效益最大化，同时配备与之相适应的生产力与经营方式上。罗必良（2014）强调农业适度规模经营不应仅仅局限于土地的适度规模经营上，还应该扩展到服务的适度规模经营上。

本书的农业适度规模经营则定义为优化生产要素配置下实现农业生产效益最大化的农业生产方式。本书从三个角度解读"适度"。首先，农业的产出、成本与利润是农业生产的基础，因此以农业产出最大化、成本最小化与利润最大化作为目标，进一步确定"适度"的"度"；其次，土地要素是规模的重要条件之一，加之土地流转是形成规模的直接途径，因而从土地流转的视角分析土地适度规模经营的"度"是另一个思路；最后，农业发展需要农业社会化服务程度与之相匹配，唯有实现农业服务的适度规模才称得上是农业适度规模经营，因此农业服务业规模经营是实现农业适度规模经营的重要途径。

　　土地适度规模经营。土地适度规模经营受资源禀赋、生产力水平、经营环境以及农业技术等多方面因素的影响，具体指与一定经济条件、技术水平和劳动力素质相匹配的土地经营规模。本书将土地适度规模经营定义为以农户为基本经营单位，以农业生产效率最大化为经营目标，通过土地流转达到与当地经济、社会、自然与技术水平相适应的农户家庭经营的土地规模。

　　生产率（Productivity）。生产率指使用各种生产资源的效率，这些资源包括人力、物力和财力等生产要素，因此又可以将生产率称为"生产力"，用数学方法计算，生产率等于生产活动中产出与投入之比（李琼，2000）。早期的生产率指单要素的平均产出水平，以农业生产为例，劳动生产率等于产出与劳动投入之比、土地产出率等于产出与土地投入之比、资本生产率等于产出与资本投入之比。随着柯布—道格拉斯生产函数的提出，学者们对生产率的研究进一步深入，丁伯根（Tinbergen，1942）首次提出了全要素生产率（Total Factor Productivity）作为刻画生产率的指标。如农业全要素生产率指将生产活动中的劳动力、土地、资本等实物投资除去之后对产量产生影响的"余值"，包括技术进步、技术效率、规模效率以及一些无法识别的因素（Denison，1974）。

　　生产效率（Production Efficiency）。生产效率的解读最早可追溯到物理学中功与总功的比值，反映了生产的实际产出与最大可能产出之间的比例关系。法雷尔（Farrell，1957）基于生产前沿对生产效率做了明确的界定，他指出生产效率由两部分构成，分别是技术效率（Technical Efficiency）和配置效率（Allocative Efficiency），后来的研究者法勒等（Fare 等，1985）将技术效率又分解为纯技术效率（Technical Efficiency）和规模效率（Scale Efficiency）。在此之后，学者将生产效率分为三个部分，即技术效率、配置效率和规模效率。以农业生产为例，本书选择农业生产效率而非农业生产率的原因在于，单一要素的生产率指标不能很好地反映农业规模经营与农业生产率的关系（Foster 和 Rosenzweig，2017），以土地产出率作为农业生产率的度量指

标时往往得到规模经营与农业生产率的反向关系（石晓平和郎海如，
2013），而农业生产效率则反映了农业生产者在给定要素投入和技术水
平下的综合生产能力，因此，本书选用农业生产效率作为测度指标。
表 0 - 1 对生产效率和生产率进行了一个简单对比。

表 0 - 1 生产效率与生产率的比较

比较项目	生产效率	生产率
考察对象	微观、个体	宏观、整体
定义	投入要素的利用率	投入—产出比
测算方法	有效投入/实际投入	总产出/投入
值域	$[0, 1]$	$[0, +\infty)$
衡量标准	处于（0，1）为无效率，等于1为有效率	不同主体间的横向比较或是自身的纵向比较
提高途径	减小时间等成本，优化时间配置	效率与技术的提升

　　农业生产性服务业。服务与有形产品相似，可分为中间投入服务
和最终消费服务，中间投入服务主要服务于生产者，故称为生产者服
务（Producer Services），最终消费服务主要服务于消费者，故称为消
费者服务（Consumer Services）。生产者服务指通过市场化方式，为满
足中间生产的需求，向生产者提供生产过程中的各类服务，我国习惯
性地将生产者服务称为生产性服务。农业生产性服务指为农业生产过
程中提供的各类服务，即为农业产前、产中、产后提供的各项服务，
如农技、农机、灌溉、金融、运输等服务。进一步地，农业生产性服
务业指市场化、外部化的农业生产中间投入服务的集合体（姜长云，
2016）。
　　接下来，本书对农业社会化服务体系与农业生产性服务业进行辨
析。农业社会化服务体系指为农业产前、产中、产后提供所有服务的
机构与个体形成的网络，具有服务社会化和组织化两种含义（孔祥
智，2012）。姜长云（2016）认为农业社会化服务体系与农业生产性
服务业具有相同的方向与内容，仅是侧重点有所差异，农业社会化服
务体系更加强调政府主导的公益性与传统性服务，重视服务的配套性

及系统性；农业生产性服务业则强调服务所能创造的价值功能，重视服务的市场化与产业化发展。此外，姜长云（2016）认为农业生产性服务业可以更好地代表农业服务业的发展特点与规律，因此，本书在实证分析时选用农业生产性服务业指标对农业服务业进行具体量化。

七、研究可能的创新点

基于学者们的大量已有研究，可以确定的是，农业适度规模经营问题依然是具有重要理论价值和现实意义的研究主题。首先，从理论上讲，有必要进一步探究推进土地适度规模经营和农业生产性服务业规模经营的机制和内在原理。其次，从实证上讲，有必要进一步改进研究方法，对于农业适度规模经营的最优适度区间进行探讨。同时，伴随着中国农业现代化进程的飞速发展和非农化趋势的日益明显，有必要采用最新的数据对于当前技术水平下的农业规模化经营问题进行研究。

就此，本书的创新点可以概括为如下几个方面。

第一，选题和理论框架的进一步深入。

自 1987 年"中央五号文件"首次明确提出发展多元化的农业适度规模经营以来，有关农业适度规模经营的问题在学术研究中已经是多年探讨的题目，国内外对农业适度规模经营相关问题研究的理论分析一直持续不断，从之前的仅对个别地区的简单统计分析到构建模型进行计量分析，已有了长足进步；但是，已有文献在评价农业适度规模经营时仍然不具备清晰的理论基础，目前对农业适度规模经营问题的理论分析框架有待完善，需要新的理论支撑进一步深入研究。而本书以农业适度规模经营与农业生产效率的内在关系为目标，构建理论模型探究农业规模经营如何影响生产效率，并提出可以进行实证检验的理论假说。

具体地，本书首先基于规模经营的相关理论建立农户的规模经营基准模型，在这个模型基础上构建了农业经营的适度规模分析框架。然后，从生产效率的定义和内涵出发，提出农业经营的生产效率分析方法，特别地，从技术效率和配置效率等角度界定了效率度量的分析方法。最后，讨论了农业适度规模经营与生产效率之间关系的影响机制，并基于农业的规模经济理论提出了三个理论预测。（1）农户经营的土地规模不是越大越好，而是存在一个农业适度规模经营范围，在这个范围内"理性经济人"农户会优化稀缺农业资源的利用，使农业生产效率达到最优水平。（2）土地流转是改变土地规模的直接方式，"理性经济人"农户为了改善自身农业经营的现状会通过流转土地（重新配置土地要素）实现农业适度规模经营，以使农业生产效率上升到最优水平。（3）除了土地要素外，其他生产要素的优化配置是农业适度规模经营的另一种思路，即服务外包，也就是说农业生产性服务业规模的发展也是农业适度规模经营的另一种模式，是提高农业生产效率的重要途径。

第二，实证分析方法的改进。

SFA 作为估计生产效率的有效工具，已经成为国际学术界普遍认可的分析方法，但是用于中国数据的研究很少。国内在研究农业适度规模经营范围与效率的问题上，多数研究同样设定了超越对数生产函数，但是所用的估计方法却各有不同。最为常用的是计算变量的弹性系数，以确定土地适度规模经营的范围（李文明等，2015）。此外还有学者运用 Tobit 模型进行估计（张亘春和张照新，2015）。然而，与已有研究估计方法不同的是，本书运用随机前沿分析（SFA）模型对所研究的问题进行计量估计。这个方法有两个优点：（1）SFA 是专门用来测度效率的方法，这样可以更好地识别出农业规模和生产效率的相关关系，以及确定适度规模经营的范围；（2）理论上，SFA 估计分两步完成，第一步估计生产效率，得出技术效率值，第二步估计时并没有直接放入生产要素变量，而是在加入所有的控制变量下，对土地规模和土地规模区间与上一步得出的技术效率进行分析，理论上可以减少识别的干扰因素，但是实际操作中，这两步估计是同时完成的，即"一步法",因为这样可以保证这两步估计模型分布函数的一致性,使估计结果更加精准。

第三,使用数据的扩展更新。

已有的文献对有关农业适度规模经营问题研究时多利用传统的柯布—道格拉斯生产函数,采用样本覆盖范围很小的数据进行实证分析,这些样本大多以某一特定地区的数据为例,导致数据不足以说明全国范围的农业适度规模经营问题,如许庆等（2011）和王嫚嫚等（2017）分别运用了五省100个村庄和江汉平原354户数据进行研究。还有学者采用国家层面的宏观数据,如郝爱民（2013）运用2004—2010年全国省级面板数据进行分析,然而相较于宏观数据,微观数据的研究结论更加具有个体针对性和精准性。因此,有必要运用更新的全国范围内的大样本微观数据和更加精确的计量模型研究中国农业适度规模经营的相关问题。因而本书采用2012年中国家庭追踪调查的微观数据,运用随机前沿分析方法具体分析了我国农业适度规模经营的问题。2012年CFPS数据是覆盖范围更广、更加有代表性的全国追踪抽样调查数据,该数据的抽样样本覆盖了全国25个省（自治区、直辖市）,全部样本数量为16000户,内容涉及了社会、经济、人口和教育等多项学科的各项指标,因而该数据具有更强的代表性,且样本量大,可以更好地说明全国的农业适度规模经营问题。据我们所知,2012年CFPS数据是覆盖全国范围同时包含农户家庭农业生产和经营信息的最新数据库,对于分析当前技术水平下的农业适度规模经营具有重要的研究价值。

第四,研究内容的拓展和系统化。

国内外已有很多学者对土地适度规模经营的相关内容进行了研究,国内学者的研究多侧重于土地适度规模经营的必要性、发展现状、适度规模的评价标准等方面,国外学者则多倾向于研究农业规模报酬等方面。与国外学者重点研究内容不同的是,国内学者对农业规模经营的"适度"问题进行了较多研究,这些研究主要以单一要素的亩均土地产出或劳均产出、农户收入情况等指标,结合农户经营状况、地区经济水平等因素，对中国特定地区主要粮食品种的土地适度规模经营标准进行量化。但是，鲜有文献从农业生产成本与收益、与适度规模经营相关的土地流转方式和路径、如何构建与土地适度规模经营相适应的农业服务体系等方面展开详细研究（许庆和尹荣梁，2010）。而本书研究的农业适度规模经营是一个体系，这个体系包含土地流转型适度规模经营与服务带动型适度规模经营两种具体模式，并基于这两种模式从多个层面探讨了适度规模经营的范围。具体地，本书首先从农业产出、成本与利润的分析视角，研究土地规模与农业生产效率的关系，进而分别根据这三个层面确定土地适度规模经营的范围。其次，土地流转是实现土地规模经营的主要实现方式，已有研究中对于土地流转效果的研究并不充分，本书提供了更加系统的分析。同时，土地适度规模经营是土地流转的目的，也是提高土地产出率与劳动生产率的手段之一，然而已有研究没有明确得出适合中国基本情况的土地适度规模经营的具体范围，本书在这个问题上提供了进一步的探索。最后，现有研究对于分析农业生产性服务业对农业生产效率影响的方法欠佳，没有通过专门计算效率的方法研究二者的关系，本书在生产效率估计的框架内，完善了农业生产性服务业规模经营对于农业生产效率影响的研究。

八、不足之处和研究展望

基于本书的研究成果，我们可以从以下三方面出发，深入思考，细化分析，将农业适度规模经营的研究推向更高水平。

第一，本书所用的调查数据无法对种植业进行分类，但现实中不同种植作物的土地适度规模范围是有差异的，这是本书的不足之处。但是，为保证结果的准确性，我们进一步将样本分为东部、中部、西部三个区域，同时以 10 亩为间距，从 0—120 亩再次将土地经营规模分为 12 组进行 T - test 检验，以观察不同区域间土地经营规模组内农户差异的显著性，得出东部与中部、东部与西部、中部与西部的 T -

test 值分别为 0.9973、0.9928、0.9957。结果说明不同地区间相同土地经营规模内的农户并无显著差异。今后的研究可以将种植作物进行分类，如水稻、玉米、小麦等作物，甚至可以再对地区进行分类，具体研究不同地区不同种植作物的适度规模范围。

第二，由于变量受限，2010 年、2014 年和 2016 年 CFPS 数据中并未包含农户具体经营土地数量的信息，因此，本书实证分析仅用了 2012 年 CFPS 一年的截面数据，截面数据无法反映时间趋势的变化。但是，本书通过研究发现，从降雨量、气候、农产品价格等因素看，2012 年是一个正常年，因此研究所得的结果具有普适性。今后的研究可以采用面板数据，以观察时间趋势对研究结果的影响。

第三，土地流转与农业服务仅是当前实现农业适度规模经营的两种主要方式，而实践中还有很多影响农业适度规模经营的因素，本书并未将这些因素全部考虑进来。

第一章　农业适度规模经营问题研究综述

自1987年"中央五号文件"首次明确提出农业"适度规模经营"问题以来，在过去三十多年内吸引了大量学者的专业研究，形成了非常丰富的文献资料。比如，许庆和尹荣梁（2010）梳理过关于中国农业土地规模经营问题的国内外研究进展；谢冬水（2011）、石晓平和郎海如（2013）分别评述了关于农地经营规模与土地生产率、劳动生产率和全要素生产率等不同生产率指标关系的相关研究；臧涛等（2018）从农户意愿和行为机理、适度值测算、经营主体及运营模式、经营效应等方面介绍了国内学者对于耕地规模经营问题的研究进展。这些综述性的论述为我们的研究提供了重要的线索。围绕本书的研究问题和主要研究内容，按照农业适度规模经营问题的认识逻辑，我们将从"是什么""为什么""怎么做""怎么样"四个角度出发，根据需要对国内外的相关研究进行梳理。具体而言，首先，为了回答"是什么"的问题，介绍文献中关于农业适度规模经营的内涵及不同解释的相关研究；其次，为了回答"为什么"的问题，我们围绕关于农业适度规模经营必要性的学术争论进行介绍；然后，为了回答"怎么做"的问题，梳理了关于农业适度规模经营实现途径和具体模式的相关研究；最后，重点回答"怎么样"的问题，介绍农业适度规模经营效果评估的相关研究。另外，对于农业生产效率的内涵和估计方法进行了介绍。同时，通过对于已有研究的简单评述，提炼出本书研究的意义和学术价值。

第一节　农业适度规模经营内涵的相关研究

扬（Young，1770）最早在《农业经济论》中对农业适度规模经营理论做了详细的探讨，扬的理论认为，农业适度规模经营指当技术与经济条件不发生变化时，实现农业经营收益最大化下的土地与其他投入要素间的最优配置。蔡恩等（Chayanov等，1986）在《农民经济理论》中写道：农业生产的基本要素是土地、劳动力和资本，在生产技术水平一定时以最小成本得到最大产出时的最优要素组合便是农业达到适度规模经营的区间。因此，农业适度规模经营刻画的是各种农业投入要素的最优组合，可以通过农业经营的主体界定、规模经营指代的度量方法以及农业经营的适度规模三个方面来理解农业适度规模经营的具体内涵。

一、农业经营的主体

认识农业经营的主体是理解农业规模经营内涵的前提。农业经营主体指直接或间接从事与农业生产、农产品加工、销售和服务等相关活动的个体或组织（楼栋和孔祥智，2013）。在家庭联产承包责任制下，传统的农业经营主体是农户，即按照农村户口定义的农民家庭成员的全体。2008年，党的十七届三中全会首次提出"发展专业大户、家庭农场、农民专业合作社等规模经营的主体"，为了区别传统农户，这些农业经营主体通常被称为"新型经营主体"（赵晓峰和赵祥云，2016；王辉等，2018），也有研究将传统的小农户经营主体称为"家庭经营"，将新型经营主体称为"非家庭经营"（尚旭东和朱守银，2015）。新型经营主体的出现是以农村劳动力的大量转移为前提的。一方面，在城镇化与工业化的快速发展背景下，非农就业市场吸引了大量的农村劳动力，他们放弃了传统的家庭农业经营，或者将承包地留给老人经营，或者干脆在亲友之间流转，导致土地供给出现结构性过剩的局面，为土地的集聚经营提供了基础；另一方面，在政府的支持下，专业大户和家庭农场等经营主体可以更好地利用机械化生产工具，发挥专业化生产的技术优势，发展现代化农业，进行规模化生产。

目前，各类新型农业经营主体逐步成为推动中国农业现代化发展的核心力量。这里的"新型"是相对于传统的小规模家庭经营农户而言的，主要包括专业大户、家庭农场、农民专业合作社、龙头企业和经营性农业服务组织等。黄祖辉和俞宁（2010）通过对浙江省的实地调研发现，各类新型经营主体相比于小农户在很多方面均具有明显优势。楼栋和孔祥智（2013）对于农业专业大户、农民专业合作社和农业企业三者的内涵和关系进行了说明。农业专业大户一般是指种植或者养殖规模较大的纯农户；农民专业合作社是在农业专业大户的基础上进一步发展壮大形成的，指生产同类农产品的生产者或是提供同类农业服务的经营者，自愿形成的互助性组织；农业企业是在专业分工的基础上形成的现代企业，从事商业性农产品生产和经营的组织。张照新和赵海（2013）将新型农业经营主体定义为具有相对较大的经营规模、较好的物质装备条件和经营管理能力，劳动生产、资源利用和土地产出率较高，以商品化生产为主要目标的农业经营组织。并且认为，随着中国农业现代化进程的推进，最终将形成以承包农户、种养大户和家庭农场为基础，以农民合作社、龙头企业和各类经营性服务组织为支撑的多种生产经营组织体系。

二、农业规模经营的度量方法

"规模经营"是一个工业化的评价指标，通常指代的是企业的资金、劳动力、产出等与投入—产出相关的经营变量达到的规模。农业生产相对于工业生产而言，规模普遍偏小，而且过度依赖于土地这种独特的要素投入，因此，农业规模经营有着自己独特的含义。国外文献中关于农业规模经营的研究主题词通常是"农场规模"（Farm Size），比如萨姆纳（Sumner，2014）的综述文章系统地探讨了美国农业经营规模不断扩大的现象，其中关于农场规模的度量指标分别使用了农场的经营收入总额、产出总量、土地面积以及其他投入要素等。同时指出，文献中最常见的度量指标是农场的土地面积（Kislev 和 Peterson，1982）。在森（Sen，1966）关于农业剩余劳动力的经典论文中，也是采用土地面积作为农场规模的度量指标。

在国内关于农业规模经营的研究文献中，通常也是采用农户的土地规模直接指代"规模经营"（于洋，2003；许庆和尹荣梁，2010；许庆等，2011；陈锡文，2018）。土地是农民的根本，而农民是中国的根基（杜润生，2005）。20 世纪 70 年代末到 80 年代初，中国的农业得到了快速发展，这离不开家庭联产承包责任制在其中发挥的作用。然而，随着家庭联产承包责任制的落地实施，它的一些弊端逐渐显现出来。比如土地过于细碎化，导致成本过高而无法适应市场的需求。因此，对于规模经营的诉求首先体现在耕地规模扩大上。当然，由于土地是农业生产中最有代表性的投入要素，选取土地的规模经营作为农业适度规模经营的基本标尺，这样的分析方法符合研究规范，也为大家所接受。然而，农业规模经营的内涵是各种生产要素的优化配置和有效运行，其内涵的界定应该包含多种农业生产要素的组合配置，在此基础上，有学者提出了"内含适度规模经营"与"外延适度规模经营"的概念（王志刚等，2011）。其中，内含适度规模经营强调的是农业经营主体可以利用的土地资源，而外延适度规模经营指的是农业经营主体在特定地理区域内，依靠自己生产或者契约激励等制度安排，优化多种生产要素配置，实现利润最大化的过程。李相宏（2003）将这种外延型的规模经营模式总结为土地集中型、契约型和市场激励型三种形式。土地集中型的主要特点是，独立的经营主体将土地集中起来进行生产和经营，土地集中的形式包含土地集体化、转让、转包、反租倒包、入股等；契约型也称"订单农业模式"，它的主要特点是，由龙头企业与许多小农户签订契约进行分工合作，将产前、产中、产后的流程结合起来，农户主要负责产中的生产管理；市场激励型又称"集聚型"，主要特点是小规模农户根据市场需求在地区内部进行协作，共同生产一种或者一类农产品，统一出售给当地的龙头企业进行对外销售。蒋和平和蒋辉（2014）强调农业适度规模经营包含土地、劳动力、资金、设备及技术等多种生产要素，因而农业适度规模经营的形式须基于这些生产要素的优化配置进行多元化发展，不能局限于土地的集聚，应该从产前、产中和产后不同环节的规模化出发更好地理解农业适度规模经营的内涵。

三、农业经营的适度规模

适度的农业经营规模取决于经营主体的目标。由于中国耕地高度稀缺，人口极为稠密，如何提高土地产出率一直是政策制定者对于农业发展的基本要求，因此，最大化土地产出率通常作为农业适度规模经营的目标（王诚德，1989；任治君，1995；倪志远，1999；夏永祥，2002；李谷成等，2009；李文明等，2015）。另外，郭剑雄（1996）提出农地规模经营的主要目标是实现农户的收入增长，同时，提高农业经营的机械化水平以及提高农户粮食的产出率也被作为重要的经营目标；许庆等（2011）选取投入—产出和生产成本两个角度作为主要粮食作物适度规模经营的目标；李文明等（2015）分别从规模效益、产出水平和生产成本三个不同的角度考察了水稻的适度规模经营问题，认为不同的目标导向下适度规模的标准会存在差异。在中国土地制度下的家庭联产承包责任制使得小农户土地分割现象十分严重，发展农业适度规模经营在理论和政策上基本形成共识。然而，对于什么样的规模是适度的问题，并没有形成统一的结论，本书将重点关注这个问题。

综上所述，农业适度规模经营可以从狭义上定义为农户家庭通过扩大土地经营规模优化农业生产效率的过程，主要通过农户的耕地面积来刻画农业经营的规模；也可以在广义上定义为各种农业经营主体在一定的技术水平下，通过优化土地、劳动力、资金等投入要素最终实现利润最大化的行为，可以将经营主体的投入要素数量或者产出量等作为农业经营规模的度量。关于适度规模的评价标准，需要统筹考虑经济、社会、政治、文化等多个方面的目标，在坚持和完善统分结合的"双层经营"体制的基本前提下，积极稳妥地推进。

第二节　农业适度规模经营必要性的相关研究

自从农业适度规模经营问题提出以来，关于其必要性的争论就开始出现。曹东勃（2014）在梳理农业适度规模经营的理论渊源时发现，从18世纪的重农学派经济学家魁奈和杜尔阁到古典经济学家马尔萨斯和李嘉图等都普遍认为农业具有规模报酬递增的特性，理由包括劳动力通过专业化分工提高劳动生产率、资源集聚可以提高利用效率降低使用成本、大规模生产可以提高议价能力等。而以美国新古典经济学家舒尔茨为代表的学者提出质疑农业规模经营的论点，主要集中在规模化经营未必能够提高生产效率。森（1962）在关于印度农业的开创性研究中发现了土地单位产出随着农场规模增大会下降，即著名的"农场规模与土地生产率反向关系"的结论，这一论断对于农业经济学的发展产生了深远的影响。

一、质疑农业适度规模经营的论点

农业适度规模经营问题在中国现代经济学理论中长期占据重要地位。质疑农业适度规模经营的学者们主要持如下三个论点：一是农业生产的规模经济效应并不显著。陈健（1988）质疑中国是否存在农业的规模经济问题。由于存在大量剩余劳动力，小农户的土地经营规模是符合经济发展水平的。普罗斯特曼等（1996）分析了中国农业规模经营试点县的实际情况后认为，农业生产中的规模效应很弱，家庭农场比集体农场更加优越、更加有效率。罗必良（2000）在论述了农地规模经营的效率评判标准后，也提出小农经济更加符合中国经济发展水平。林善浪（2000）提出小规模经营可以在体制上形成有效激励和监督机制、增加劳动力和流动资产的投入，从而有利于提高土地生产率。二是中国依然存在大量的农业剩余劳动力，需要为这些农业劳动力提供就业岗位，而规模化经营会降低对于农业劳动力的需求（任治君，1995；倪志远，1999）。宋亚平（2013）指出虽然从某种角度看，小农经营具有原始、落后的感觉，然而这种生产模式有效地解决了失业问题，更加保障了社会的稳定。三是当前的农业技术和生产力水平低下，无法有效发挥规模化经营的优势。任治君（1995）认为农业科学技术发展缓慢，无法弥补因不适当的规模经营带来的生产率下降。万广华和程恩江（1996）指出农业适度规模经营需要有与之相适应的生产力和技术水平相配合，以实现最优要素配置组合下的最大产出。

二、支持农业适度规模经营的论点

针对上述论断，支持农业适度规模经营的学者提出如下几点考虑：第一，对于农地规模与土地生产率之间的关系需要重新考量。张忠根和黄祖辉（1997）认为中国农业比较效益低的主要原因是过小的农业生产规模。同时，大量的实证研究利用各种类型的调查数据，对于农地规模与生产率之间的关系进行检验（黄祖辉和陈欣欣，1998；贾生华等，2003；卫新等，2003；刘凤芹，2006；胡初枝和黄贤金，2007；齐城，2008；李谷成等，2009；张兰等，2015；李文明等，2015），后文中关于这部分的实证研究我们还将提供进一步的介绍。第二，强调农民家庭的效益和收入增长应该作为农地经营规模评价的标准（孙自铎，2001；梅建明，2002）。虽然政府农业政策的一大目标是提高粮食产品、维护国家粮食安全，但是作为经营主体的农户，其行为目标仅仅是最大化家庭收入。何秀荣（2016）指出，小农经济下农户很难达到社会平均收入水准，即使中国粮棉油产品的单位土地净收入大大高于欧美等国家，由于农户经营规模过小，其总收入还是非常低。第三，土地经营规模扩大有利于提高农业科学技术的推广，从而降低农业生产成本。姚洋（1998）认为大型农业机械的应用具有不可分性，而规模经营可以起到促进土地规模报酬递增的效果。张红宇（2012）认为规模经营有利于促进农业机械化发展和农业科技的推广应用，在规模化经营下，经营主体才有更大的积极性进行技术和资金投入。第四，加入世界贸易组织之后，国外农产品大量进入中国市场，这种国际竞争也迫使中国发展规模化农业。黄季焜和马恒运（2000）系统比较了中国主要农产品的生产成本与国际竞争对手的差异，将中国处于竞争劣势的原因归纳为农业经营的规模太小。同时，黄祖辉（1999）论证了土地规模经营与农户家庭成本之间是辩证统一的关系，两者之间并不对立。在家庭联产承包责任制下，土地的所有权和经营权具有可分割的性质，从而可以构建土地的双层经营体制，实现规模化经营。

可以发现，文献中一个明显的趋势是，随着城市化的推进和大量剩余劳动力的转移，特别是在2000年前后农村地区出现普遍的农地抛荒现象，在这种情形下，质疑农业规模化经营的声音减弱了。虽然对于农地规模与土地生产率之间的关系依然存在大量争议，但是大家基本上形成了推进农业适度规模经营的共识。比如，黄宗智和彭玉生（2007）分析了中国农业的发展前景，认为当前处于大规模非农就业、人口自然增速放缓和农业生产结构转型的三大历史性变迁交汇点。第一产业从业人员数量的逐渐减少和第一产业劳动力需求的大量增加为推进农业规模经营提供了历史性的机遇。罗必良（2014）在分析了四川省崇州市的"农业共营制"后，提出以家庭经营为基础的农业规模经营应该从土地规模经济转向服务规模经济。李文明等（2015）利用水稻种植户的调查数据考察了水稻生产的适度规模经营问题，发现在不同的目标导向下存在差异化的适度标准。建议在政策选择上依据不同的目标导向合理确定适度经营的规模。

第三节　农业适度规模经营实现途径和具体模式的相关研究

当前中国农业适度规模经营的形式主要分为土地流转型适度规模经营与服务带动型适度规模经营两种，下面主要从这两种形式的研究出发展开论述。

一、农业适度规模经营的实现途径

农业适度规模经营是推进农业现代化进程的重要政策选择。早期学者们在研究中国农业规模经营时大多聚焦于土地规模经营问题，但是随着研究的逐步推进，基于中国特定的社会历史条件，大家发现农地规模经营在实践过程中面临客观的制度性障碍（李恒，2015；胡凌啸，2018）。比如，为了扩大农户的土地经营规模，土地流转是实现目标的具体措施（楼栋和孔祥智，2013）。然而，从我国当前土地流转的实际情况来看，由于制度等因素的限制，土地流转的效率并不高（许月明，2006），土地流转形成的土地规模经营是农业适度规模经营的长期目标（沈贵银，2009）。因此，我国在发展农业适度规模经营时，不应局限在单一的形成方式上，而应该联合各方资源，将农业生产过程中需要的各项服务专业化、具体化，从而形成农业生产性服务业的规模经营（李炳坤，1999）。舒尔茨（Schultz，1964）很早就提出要想改造传统农业，就需要引入新的要素，我们可以将这个新的要素理解为技术或是生产性服务业。按照这一思路，越来越多的学者开始探讨通过生产环节外包实现农业规模经营的可能性（蒋和平等，2014；胡新艳等，2015；陈义媛，2017）。因此，按照农业规模化经营核心要素的差异，可以将农业适度规模经营的实现途径归纳为两大类别：土地规模经营和农业生产性服务业规模经营。具体而言，土地规模经营是指通过扩大农户的土地经营面积实现的农业适度规模经营；而农业生产性服务业规模经营是指在农业生产的产前、产中和产后等阶段引入生产性服务实现的农业适度规模经营。胡凌啸（2018）将"土地规模经营论"和"服务业规模经营论"称为实现中国农业规模经营的两大派别。李相宏（2003）首次将中国农业规模经营的模式概括为土地集中型、契约型和市场激励型三类，其中契约型和市场激励型可以归结到"服务业规模经营论"的类别中，这两种模式共同的内涵是存在作为经营主体的龙头企业负责产前生产要素与产中技术支持以及产后经营销售。

与土地规模经营相比，农业生产性服务业的发展为我国农业适度规模经营开辟了一条新的发展路径。蒋和平等（2014）指出农业社会化服务形成的规模经营没有土地的限制，而是通过统一的提供农业生产所需的技术和服务形成的规模经营方式。基于分工与服务外包，农业社会化服务可有效聚集各类资源，提供更加专业的服务，与此同时，也加大了提供服务的规模，进而形成了规模经济（罗必良，2014）。

土地适度规模经营与农业社会化服务规模还具有相互促进的作用。从农业社会化服务供给角度来看，统一的耕地、种植和收割形成了农业的跨区作业，帮助小规模农业实现大规模作业模式（薛亮，2008），同时农业社会化服务的需求随土地规模的扩大而提升（钱克明和彭廷军，2014）。从农业社会化服务需求的角度来看，劳动密集型、技术密集型的服务规模是扩大我国土地适度规模经营的重要助推力（王志刚等，2011）。

在实现途径的选择上，围绕实现农业规模经营的"土地规模"和"服务业规模"的两大主要途径，学者们倾向于认为各地应该根据资源禀赋、经济结构和发展阶段合理选择适合自己的途径。例如，蒋和平等（2014）建议，人少地多的地区可以通过土地的大规模流转和集中经营来实现土地规模经营，而在人多地少的地区，由于土地承载社会保障的功能，应该考虑在农户家庭经营的基础上，积极发展农业社会化服务体系，通过生产过程中的某些环节的社会化服务实现农业规模化经营。李炳坤（1999）强调，农业社会化服务体系的建设需要遵循循序渐进的原则，要与各地的经济社会发展水平相适应。

二、土地适度规模经营的内涵和具体模式

农业适度规模经营的基本形式是土地适度规模经营。我国是农业大国，农业是我国社会经济稳定发展的基石。农业稳定、粮食安全、

农民增收等一系列问题长期成为我国农业政策重点关注的社会问题。农业适度规模经营一直被视为破解我国农业现代化发展困局的重要政策。在探究农业规模经营的必要性时，发现家庭联产承包责任制确立以后的土地细碎化问题十分严重，因此，关于土地的适度规模经营首先成为大家讨论的热点问题。小农的土地规模对农民的收入存在积极与消极两方面影响，且消极方面的影响胜过积极方面（许庆等，2007、2008）。还有学者表明，由于中国农业生产过程中存在较强的不确定性、没有充足的专用资金、较高的监管成本以及农产品的流动性差且需求弹性小的原因，土地小规模经营在中国当下的农业生产过程中具有合理性（罗必良，2000）。与之不同的是，张红宇（2012）却认为土地规模经营在提高土地利用率的同时还可以促进农业生产条件得以改善，这对提高土地产出率和资源配置效率具有重要作用。类似的关于土地规模化经营的必要性和实际效果的争论长期成为社会热点问题。

农业部经管司、经管总站研究组（2013）强调土地适度规模经营的目标是提高土地产出率与劳动生产率，但需要在坚持农村基本经营制度的前提下扩大土地规模经营。陆一香（1987）将土地适度规模经营概括为通过协调配合农业生产投入的各项要素而得到的效益最大化。许庆等（2011）通过分析我国5个省市粮食主产区农业规模经营的现状，得出简单地为了提高粮食产量而扩大土地经营规模是不可取的，而需要综合考虑土地、劳动力和资本等成本要素的共同作用，将这些生产要素进行合理配置得到的效益最大化才是土地适度规模经营的核心。相似地，吕晨光等（2013）认为通过合理配置农业生产的各项要素以得到最小成本是土地适度规模经营的重点。由此，我们可以看出，学者们对土地适度规模经营的核心内容达成共识，即通过优化配置投入要素，以达到收益最大化。

据农业部农村改革试验区办公室（1994）记录，国务院农业发展研究中心于1987年选取了一些县市作为土地适度规模经营的试验区，各个地区因地适宜，采取了不同的土地适度规模经营制度。比如，贵州省湄潭试验区根据当地耕地资源缺乏的特点，制定了由村集体代行土地所有权,将土地发包与农户签订承包合同,允许农户土地使用权有偿流转的制度;山东省青岛市平度市试验区依据当地耕地资源较为丰富的特点,制定了"按社区人口均分口粮田、按劳投标承包责任田"的"两田制"改革方案;广东南海先后经历了以粮食规模经营为主题的试验、发展非粮食生产的种植业和养殖业规模经营、以股份制改造合同制的改革尝试,最终形成了"三权分置"的基本制度;江苏省苏南地区根据当地乡镇企业和非农经济发达的特点,设计了"土地适度规模经营与农业现代化建设"的改革方案;北京市顺义区利用集体经济实力雄厚的特点,创办集体农场、专业承包农场等;陕西延安结合当地荒地较多的特点,推出荒地使用权拍卖的制度,并建立专门的土地流转机构,负责拍卖荒地后期的流转工作;湖南省怀化市依据山林资源丰富的特点,制定了"以租代包"的山地改革制度,利用租赁制代替承包制,通过山地的长期租赁和多种流通形式结合,实行山地的规模经营。这些试验区的土地制度建设侧重点不同,取得的具体成果各异,为后续土地适度规模经营的展开提供了重要启示。廖洪乐(1998)总结为五大启示,分别为坚持家庭联产承包责任制、尊重农民主观意愿、因地制宜、建立稳定规范的土地流转制度、注意配套制度建设等。

以国家农村改革试验区和其他地区的土地规模经营制度建设为实证分析对象,学者们展开了大量的调查研究。魏景瑞和邹书良(1992)对山东省青岛市平度市试验区"两田制"的土地适度规模经营进行了研究,蒋中一(1994)、郑新立(1988)分别挑选了南北方两个代表地区的土地适度规模经营试验区进行调研,它们分别是江苏南部与北京顺义,两地统一采用村办(集体)农场模式;阎辉(1997)则专门分析了广东南海的土地适度规模经营的运作模式,这里采用较为新颖的股份合作生产模式。学者们对土地适度规模经营的早期关注点大都集中在土地适度规模经营模式、效果等方面(魏景瑞和邹书良,1992;蒋中一,1994;郑新立等,1988;阎辉,1997;王其南等,1989;黄爱军,1996)。此外,还有一些学者对不同地区的土地适度规模经营模式做了具体的分析，如王昭耀（1996）具体分析了安徽省实施分包到户的土地适度规模经营的运行模式；艾云航（1994）和郑可锋（1996）分别对浙江省的土地适度规模经营的开展过程和运行效果做了具体研究；叶剑平等（2000）研究发现中国的土地适度规模经营并没有得到广泛应用，大多数仍是小规模经营；解安（2002）就福建省、广东省以及浙江省等省份在具体实施土地适度规模经营时所面临的困难进行了分析；许庆等（2008）通过综合对比我国这些年发展土地适度规模经营的成果，发现总体来讲，土地适度规模经营的发展速度还是较为缓慢的。随着政策的大力扶持和培育，土地流转的速度逐渐加快，截止到2016年6月底，全国承包耕地流转面积达到4.6亿亩，超过了承包耕地总面积的1/3。全国经营耕地面积在50亩以上的规模经营农户超过了350万户，经营耕地面积超过了3.5亿亩。家庭农场、农民合作社、农业产业龙头企业等新型经营主体的数量超过了270万家（许惠娇和叶敬忠，2017）。

三、农业生产性服务业规模经营的内涵和具体模式

按照商品从生产到最终消费的流程，服务通常由两部分构成，分别是中间投入和最终消费服务，前者被称为生产者服务，后者被称为消费者服务。生产者服务最初起源于国外，格林菲尔德（Greenfield，1966）最早提出了生产者服务的概念，经过多位学者的概括总结，将生产者服务定义为满足中间生产过程的需要，并向外部服务企业提供中间投入服务，用于进一步的生产和企业运作（Browning 和 Singelman，1975；Marshall 等，1987；Coffey 和 Bailly，1991）。国内研究者通常将生产者服务称为生产性服务，农业生产性服务业则是指在农业生产过程中间投入的服务，包括农业机械服务、雇佣劳动力服务、运输服务等发生在农业生产不同环节中的服务。具体而言，农业生产性服务业包括农业生产的产前、产中、产后三个环节，不包括农产品作为生产资料进入工业化生产流程之后的环节。随着农业生产性服务

业的发展，学者们对其定义更加明确，关凤利和裴瑱（2010）指出农业生产性服务业覆盖了农业生产过程中所有的服务项目，旨在通过提高劳动生产率而优化农业生产的中间服务产业。庄丽娟等（2011）基于农业产业链的分析视角得出，农业生产的全部过程（产前、产中和产后）都需要农业生产性服务业的支持，对于农业生产的产前大致可归纳为对种子、农药化肥、饲料、农业机械及能源供应等农用物资生产供应的服务需求，产中有土壤准备、农场劳动服务、植保货物防疫服务、农业技术推广和应用培育、管理信息咨询服务等的需求，农业生产的产后侧重于农产品的收购、储藏、加工、包装、运输和销售等一系列服务的需求。郝爱民（2012）更具体地将农业生产性服务业分为三大类，分别是农产品服务、农业生产要素服务和农业专业服务。其中，农产品服务是所有服务类别的基础，专指针对农产品销售过程中产生的服务，而农业生产要素服务指与农业生产相关的金融服务、培训服务等，最后一项农业专业服务指农业信息、技术的推广等服务。

中国农业生产性服务业的发展经历了一个漫长的过程。杨汇泉和朱启臻（2010）追溯了我国农业生产性服务业的发展历史，自新中国成立以来，将其发展历程归为两个阶段，一是处于计划经济时期的集体化发展思路，二是改革开放以来形成的多元化结构组织。曾蔼祥和欧阳生根（1983）指出发展新型家庭经济的重点是建立农业服务体系，具体包括植物、畜牧的养殖与保护，农业生产过程中发生的管理服务等。随后他又将其更名为农业社会化服务体系（曾蔼祥，1984）。1991年，国务院颁发的《关于加强农业社会化服务体系建设的通知》中将农业社会化服务定义为为农业发展提供所需的技术、经济和人力等全方位的支持。还有学者对我国农业生产性服务业的体系发展做了深入研究，如高强和孔祥智（2013）提出在构建农业社会化服务体系的过程中，需要做到以下几点，分别是机制创新和拓展领域等，以做到促进农业生产性服务业体系的全面发展。杨汇泉和朱启臻（2010）研究得出农业生产性服务业的发展对我国农业发展具有历史必然性。还有学者对某一地区的农业生产性服务业规模经营发展进行了针对性的研究。如杜志雄（2013）、李一平（2013）分别通过梳理河南省和湖南省的农业生产性服务业适度规模经营的历史发展和当前状况，对于当地的农业生产性服务业发展面临的体制和制度约束进行了探讨，并提出了各自的政策含义。此外，还有学者采用数值的方式描述我国农业生产性服务业的发展历程（汪建丰和刘俊威，2011；陈凯和刘煜寒，2014）。

农业生产性服务业的发展模式也是学者们重点关注的内容。姜长云（2011）、肖卫东和杜志雄（2012）分别按经营主体的不同对农业生产性服务业的模式进行了研究，张振刚等（2011）按经营方式的不同对农业生产性服务业进行研究。姜长云（2011）的研究基于山东省平度市的调研，将农业生产性服务业的发展模式概括为以下几点：（1）依托政府与涉农部门，向农业生产提供所有产业链的公共服务。例如：市政府承办的江北农业技术市场，作为推进农业信息产业化和农业技术交易的平台；农业局开通的农业信息网，提供专业的农业信息服务；还有市植保站、市环能站、市土肥站、市种子站、市农技站、市农产品质量检测站等涉农场所，根据农业产业链的不同环节提供有针对性的技术指导和公共服务。（2）依托邮政与供销社的联通优势，强化农资与农产品配送和销售服务的网络构建。例如：构建乡镇邮政物流配送中心和村级"三农服务站"，形成了覆盖全市的连锁经营网络。（3）依托农产品和农机批发市场，推进农业经纪人、营销大户和农机服务主体的发展。例如：平度农机市场逐步由单一销售服务为主转向集生产、销售、服务于一体的综合性有形农机市场。（4）依托当地农业龙头企业，从外部拉动和内部植入两方面共同发展农业生产性服务业。例如：以种鸡养殖、孵化，商品鸡养殖、屠宰加工及熟食品加工为主的当地食品公司，无偿为农户提供技术服务和金融贷款担保等。（5）依托农民专业合作社与农业相关协会，拓展农业生产性服务业对农业生产提供服务的覆盖范围。肖卫东和杜志雄（2012）以河南省推进农业现代化、发展农林牧渔业的生产性服务业的调查研究，总结出农业生产性服务业发展的五种主要模式为：政府主导的公共农业生产性服务模式、农民专业合作社引领的内在扩张模式、农业产业化龙头企业的外部拉动模式、农产品市场带动与新型农业服务组织模式、传统服务组织的创新发展模式。张振刚等（2011）利用广东省农业专业镇的调查数据，将农业生产性服务业的主要模式概括为政府主导、政府引导企业化运作和产业区三种基本模式。

应该看到，推动农业生产服务业的发展是实现农业现代化的必经之路。农业生产性服务业的本质是社会分工，是中间服务由内向外转化的过程。杨小凯和张永生（2000）研究认为，劳动生产率由于分工而得到了提高，然而分工的成本就是交易费用的产生，因此，在具体实施时需要对分工产生的经济效益与分工产生的费用做一个权衡，而将这个交易费用外部化就是企业作出的选择。当企业选择购买某项服务后可以节省资金支出（Geo，1991），同时扩大这种购买服务的规模后可以缩小成本、提高效率（Coffey 和 Bailly，1991），在这样的情况下，企业没有拒绝购买服务的理由。此外，切特（Tschetter，1987）指出，由于企业需要外包（即购买）的服务，多为高知识含量和技术含量的服务，因而服务外部化也是必然的选择。吉莱斯皮和格林（Gillespie 和 Green，1987）也同样证实选择服务外包可以获得更加专业化的技术知识。克洛特（Klodt，2000）通过分析制造业的生产性服务业外包发展，认为分工刺激了生产性服务业部门的形成与发展。高觉民（2011）分析发现生产性服务业与制造业是相互促进的关系，原因在于生产性服务业的发展使得分工更加细化，显著地降低了中间品的成本。更有学者认为，由于生产性服务业的作用机理是内部专业化，所以生产性服务业的发展可以有效提高企业的市场竞争力和生产效率（顾乃华等，2006；江静等，2007；Markusen，1989）。程大中（2008）指出，工业化时期生产性服务业主要服务于制造业，但是农业的发展也离不开生产性服务业的支持。阿莱西亚和罗德里克（Alesina 和 Rodrik，1994）研究发现分工的进一步细化提高了农业生产对生产性服务业的需求。

还有学者对农业生产性服务业的机制进行了详细梳理。如陈昭玖和胡雯（2016）认为土地经营权的确立对土地规模的扩大有积极作用，同时又刺激了农业生产性服务业规模的发展，进而减小了外包服务发生的交易成本，从而推动了专业分工的形成。从农户行为分析可以看出，农户选择服务外包是为了规避风险，克服资金、技术以及规模的限制（郝爱民，2013）。此外，潘锦云等（2011）则认为农业生产性服务业是发展农业现代化的必经之路。

第四节　农业适度规模经营效果评估的相关研究

上文的文献梳理，帮助我们从必要性和存在形式上理解了农业适度规模经营的理论基础。然而，归根结底，要想深入研究农业适度规模经营的问题还需要客观的实证分析作为依据，辨析农业适度规模经营必要性的各种论点需要事实证据作为支持，实现规模经营的各种模式需要数据进行检验。因此，对于农业适度规模经营的效果进行评估，成为研究者捍卫自己论点、进行政策评估的最终落脚点。结合上述两种实现农业适度规模经营方式的讨论，对于农业适度规模经营效果评估的研究，我们继续遵循"土地适度规模经营"和"农业生产性服务业规模经营"的类别进行分析。

一、土地适度规模经营的效果评估

（一）土地适度规模经营的效果鉴定标准

随着家庭联产承包责任制在中国的确立与实施，土地细碎化现象普遍，对于土地规模经营的倡议开始出现，不少学者关于土地适度规模经营是否有成效做了大量研究。这些研究大致可分为两派，一部分学者认为土地适度规模经营在中国并不能发挥好的作用，而另一部分学者的研究肯定了土地适度规模经营的效果。

陈健（1988）和王诚德（1989）早在政府强调农业适度规模经营

的早期就认为，生产技术存在"规模经济"的论断并不适用于农业生产的领域，在中国实行土地适度规模经营对走向农业现代化道路没有显著效果。任治君（1995）通过实证研究发现，土地适度规模经营对土地产出率没有积极的促进作用，反而有负面的抑制作用，蔡基宏（2005）同样得到了相似的研究结果。普罗斯特曼等（1996）以包含中国在内的十几个发展中国家为研究对象进行实证分析，发现这些发展中国家大都存在规模不经济的农业生产情况。约翰逊（Johnson，1994）对中国已经实行土地适度规模经营的地区进行实地考察研究，发现这些地区的单位农业生产成本并没有显著低于小规模土地经营的农户，也就是说，土地规模化的农业生产并没有带来规模收益的成效。刘凤芹（2006）以东北的农业生产作为研究对象，发现就农业机械化而言，土地规模生产的农户与小规模农户并不存在显著差异，也就是说，经营大规模土地的农户并未呈现出成本优势。此外，有学者通过实证分析并没有在中国的粮食生产中发现规模经济的现象（Fleisher 和 Liu，1992；Yang，1994；万广华和程恩江，1996；Wan，2001）。因此，刘凤芹（2006）提出促进粮食增收，仅凭借扩大土地生产规模是不够的。张红宇（1994）认为，我国的土地适度规模经营都是依靠政府的各项补贴政策才得以运转，土地适度规模经营在中国的必要性还需进一步验证。齐尔等（Zyl 等，2000）也证实了这一结论。

还有学者从农业现代化的必然性角度论证了土地适度规模经营是中国农业发展的必然选择（艾云航，1994；王昭耀，1996；杨雍哲，1995；韩俊，1998；梅建明，2002）。其中，杨雍哲（1995）还强调，土地的适度规模经营是解决当前中国农业发展面临困境的有效途径，韩俊（1998）也表明若要实现工业与农业的平衡发展，需要将小规模农业经营向适度规模农业经营转变。黄季焜和马恒运（2000）通过与国际农产品市场对比发现，中国农产品不具有较强国际竞争力的根本原因在于经营规模过小，导致单位成本过高，因此需要扩大土地适度规模经营。黄祖辉和陈欣欣（1998）则通过数据分析证明了土地适度规模经营可以提高农业劳动生产率和农民收入。中国土地制度课题组

（1991）研究发现当农户的土地经营规模大于 2 公顷以上时，再扩大
土地规模，则会引起农产品的产量先降后升，但农产品的平均产量仍
高于土地经营规模小于 0.2 公顷的农户。宋伟等（2007）对江苏常熟
的粮食生产进行了研究，发现农户的二地经营规模对粮食产量有显著
的正向影响。张光辉（1996）同样证实土地经营规模与土地产出率有
正相关的关系。

　　可见，学者们在谈论土地规模经营的效果时，通常基于不同的目
标、选取不同的评价指标，进而得出不同的结论。常见的评价指标包
括农业生产是否存在规模经济、土地规模经营如何影响土地产出率、
如何影响劳动生产率和全要素生产率、如何影响农业生产效率、如何
影响农民收入等。比如，基于农户经营利润最大化的目标，需要关注
规模经营对于农户总的净收入的影响，此时，适度规模经营一般是有
效的；基于国家粮食安全的考虑，总的可耕地面积给定的前提下，需
要关注单位土地的产出率，此时，农业生产是否存在"规模经济"的
效果就尤为重要。为了评价农业适度规模经营的效果，鉴定标准的确
立非常重要。因此，我们首先需要确定土地适度规模经营的目标，然
后基于特定的目标选择恰当的评判指标。

　　（二）土地适度规模经营的目标研究

　　国内对于土地适度规模经营的目标存在争议。王昉（2003）认为
土地适度规模经营的发展方向取决于其推行目标。原农业部农村改革
试验区办公室（1994）强调，土地适度规模经营的目标应该由农业生
产的目标决定，是以农业稳定发展为目标还是以降低成本提高收入为
目标，是影响土地适度规模经营未来发展方向的重要问题，因此并不
是可以简单作答的。郭剑雄（1996）将农户收入、机械化水平以及城
市化水平作为土地适度规模经营的三大目标，而土地经营面积扩大显
然可以提高农户的经营收益。还有学者认为土地产出率和劳动生产率
才是土地适度规模经营的核心目标（杨雍哲，1995；邵晓梅，2004）。
黎均湛（1998）则认为投入—产出率的综合衡量标准才是土地适度规

模经营的目标。林善浪（2000）和夏永祥（2002）指出，在实行土地适度规模经营时，有三个主要目标，分别是土地产出率、劳动生产率和资金使用效率，其中土地产出率是最基本的目标，如果片面地强调一点是不符合中国农业发展的具体情况的。于洋（2003）认为，如果在具体推广土地适度规模经营时，土地产出率与劳动生产率出现冲突，则应通过分工来平衡二者的关系。

更有学者选取农业产出、农民收入作为土地适度规模经营的目标进行研究。土地资源的稀缺性是其固有的属性，有学者将土地产出率的最大化作为土地适度规模经营的目标，以土地资源的稀缺性作为约束条件进行研究。郑少锋（1998）认为中国土地适度规模经营的最低目标至少是不降低土地的生产效率。张忠明和钱文荣（2008）则认为土地产出率可能不能很好地反映全面的农业生产效率，因而需要将技术效率考虑进来。此外，农业收入应该是农户最为关心的问题，因此也有不少学者以提高农户收入为目标，对土地适度规模经营进行研究。孙自铎（2001）认为必须以农民家庭的效益和收入增长作为农地经营规模的评价标准和目标。钱克明和彭廷军（2014）指出，在实施土地适度规模经营的时候首先要保障农业收入的均等化，即农户从事农业生产所得收入不小于从事非农行业的收入，这是推广土地适度规模经营最基本的目标。他们基于农业生产所得收入不低于非农行业的机会成本，测算了我国南北方的土地适度规模经营范围。

综上所述，农业规模经营的目标通常有两个主要方向：一是提高农业生产的产出效率，包括以土地产出率、劳动生产率、资金使用效率、全要素生产率和农业生产效率等指标来测算；二是提高农民收入，包括土地的单位经营净利润以及土地经营规模。

（三）土地适度规模经营与土地产出率的关系

关于土地规模与单位土地的产出率之间关系的研究一直是国内外学术研究的重要问题。森（1962）基于印度农场的实证研究开创性地发现土地经营的规模与土地产出率呈反向关系，即随着土地规模的扩大，土地产出率呈下降趋势。接下来，这一具有争议性的话题在发展经济学界作为重点研究内容得到广泛关注。许多学者以发展中国家的农业生产为研究对象，证实土地规模与土地产出率呈反向关系。贝里和克莱因（Berry 和 Cline，1979）基于巴西北部和印度 20 世纪 70 年代的抽样调查数据发现，经营规模大于 500 公顷的土地产出率为 2.2 美元每公顷，而经营规模小于 10 公顷的土地产出率却达到了 85.92 美元每公顷，差不多是 500 公顷以上规模单产的 39 倍，此外，在印度，相比于 25 英亩的土地规模，5 英亩土地规模的土地产出率是其 2.1 倍。卡特（Carter，1984）分析了印度北部的农业生产状况，发现土地规模每扩大一倍土地的单位产出则下降 40%。科妮（Cornia，1985）具体分析了 15 个国家的土地规模与土地产出率的关系，发现有 12 个国家呈反向关系。赫尔特贝格（Helberg，1998）分析了巴基斯坦的农业生产情况，发现了同样的反向关系。

土地规模经营与土地产出率呈反向关系这一结论具有重要的政策含义。如果这个结论是真实的，那么意味着平均分地具有重要意义，在提高产出率的同时又保障了社会的公平性。自 20 世纪 70 年代以来，越来越多的学者对这个结论产生了质疑，他们发现随着工业化、城市化的发展，土地规模经营与土地产出率的反向关系正在弱化，有转变成正相关关系的趋势。范和陈康（Fan 和 Chan - Kang，2005）研究发现发展中国家在工业化、城市化发展的推动下，农业生产更加倾向于用机械、化肥和农药等工业化发展的产物替代传统的小规模农业生产投入要素，使农业的劳动力生产率和土地产出率均得到了提高，而相比于小规模经营主体，大规模土地经营主体在投入现代农业生产要素时具有更多的资金和信用支持，因而在使用现代农业生产方式提高生产效率方面更具优势。德莱克尔（Deolalikar，1981）基于 1970—1971 年印度地区农业生产的样本数据发现，在同样使用先进的农业生产技术的情况下，大规模农业经营具有更高的产出率，而如果同是使用传统的农业生产方式进行耕作，那么小规模经营具有更高的产出率。这个结果说明，在使用传统农业生产方式下，土地规模与土地产出率呈反向关系的结论成立，但若在现代农业技术的生产背景下，这一结论并不成立。道和朝德特（Dao 和 Chotigeat，1981）研究发现如果雇佣具有娴熟技能的农业工人进行农业劳作时，土地规模与土地产出率呈正向关系。赫尔凡德和莱文（Helfand 和 Levine，2004）研究证实，随着市场经济的发展，农业技术投入和农药化肥的使用使土地规模与土地产出率的反向关系逐渐弱化并向正相关关系转化。

此外，还有研究对得出土地规模与土地产出率呈反向关系的计量模型提出质疑。巴拉和罗伊（Bhalla 和 Roy，1988）认为得出土地规模与土地产出率呈反向关系的原因是计算的计量模型中遗漏了土壤质量的异质性这一变量，他们基于印度的全国数据得出二者的反向关系，但若只限定在一个小范围地区内则是正向关系，原因在于小范围地区内的土壤是同质的。因此，土地规模与土地产出率的反向关系与土壤质量有很大关系。

国内学者对于农地规模与土地产出率之间的关系也非常关注。黄祖辉和陈欣欣（1998）基于调查统计的数据分析发现粮田经营规模与土地产出率之间的关系不明显。贾生华等（2003）基于 83 户农业经营大户的调查资料发现，农户主管认为通过租赁土地扩大规模后亩产量得到提高。卫新等（2003）基于浙江省 150 户规模经营大户的调查结果得出，农户经营土地规模在 2 公顷以下时，各项经营指标随经营规模增加而上升；超过 2 公顷时，农作物的单产等指标开始出现下降。刘凤芹（2006）利用东北三省的调查数据发现，土地规模的大小与单位产量不相关。高梦滔和张颖（2006）利用中国 8 个省的农户面板数据证实了"小农户更有效率"的论述。胡初枝和黄贤金（2007）分析江苏省铜山县 104 户农户的调查数据得出结论，土地经营规模增大时，可以提高单位土地面积净收益。齐城（2008）收集了河南省信阳市 150 个经营不同规模的农户样本研究发现，土地经营规模与土地产出率不具有显著的相关性。李谷成等（2009）利用 1999—2003 年间湖北农户数据，从土地产出率、成本利润率、全要素生产率和技术效率等多个维度检验了农户效率与土地规模的关系，以土地单产价值作为土地产出率的度量指标，结果发现小农户相对于大农户更为有效。李文明等（2015）利用水稻种植户的调查数据研究发现，农户水稻单产随着经营规模的扩大呈现"降—升—降"的变化趋势。可见，基于不同数据的研究结论差异明显，在土地规模与土地产出率关系的问题上未能达成统一意见。

（四）土地规模与土地产出率关系的解释

关于土地规模与土地产出率之间的各种关系，也存在各种可能的解释。导致土地规模与土地产出率之间反向关系的原因可分成四类，分别是劳动力市场、土地市场和信贷市场的不完善，还有就是风险因素引起的。这些因素同样可以用来解释正向的关系，当环境条件变化时，可能就会导致两者的关系发生变化。这四类原因具体解释如下。

首先，劳动力市场不完善。劳动力市场不完善是诱发土地规模与土地产出率反向关系的主要原因。森（1966）研究发现在发展中国家，小规模农户的农业劳动力过剩严重，这些劳动力从事农业生产的机会成本非常小。他解释道，对于土地的规模经营主体而言，他们在雇佣劳动力的基础上追求利润的最大化，劳动力的投入多少按照劳动力的边际产出等于边际成本来计算，这里的边际成本可等同于市场工资；然而，对于小规模的土地经营主体而言，他们追求的是土地单位产出最大化，他们的劳动力投入是按照劳动力的平均产出等于市场工资的原则进行作业的，这时劳动力的边际产出是低于市场工资的。因此，可以看出，尽管小规模的土地经营主体具有较低的边际生产率，但却由于过度投入劳动力而推高了土地产出率。从这里可以看出，土地规模与土地产出率具有反向关系的原因在于劳动力投入的差异。

菲德尔（Feder，1985）、卡特和韦伯（Carter 和 Wiebe，1990）将劳动力市场的不完善归结于委托—代理问题中的信息不对称。农业生产是季节性的劳作，在生产过程中需要有人监督管理机械设备和雇佣劳动力。小规模生产多是家庭作业，农户对自己家的农业生产具有较高的积极性，劳动力的监督成本也很低；与之相反的是，大规模土地的经营主体需要雇佣很多劳动力，这里面就存在了道德风险的问题，需要对雇佣劳动力持续地加以监督，才能保证劳动生产率。在这种情况下，相比于小规模经营主体，土地大规模经营主体花费了较高的监督成本，也就降低了自己的土地产出率。艾伦和利克（Allen 和 Lueck，1998）对农业生产组织设定了道德风险的约束条件后发现，农业生产过程中产生的风险大都是由于农业生产的季节性和随机性特点引起的，这时土地大规模经营主体较小规模经营主体更能抵抗风险，土地大规模经营主体会逐渐替代小规模经营主体。

其次，土地市场的不完善。土地产权的不完整是土地规模与土地产出率呈反向关系的又一重要原因。如果土地市场是完备的，当小规模土地的生产率高于大规模土地生产率时，大规模经营主体就会将土地转包给小规模经营主体，由于土地市场是完备的，因此这时的交易费用为零，当大规模土地经营与小规模土地经营的生产率相同时，交易就会自动停止。赫尔特贝格（1998）指出很多发展中国家制定了繁多的土地租赁条规，使土地流转受到的限制较多，抑制了土地的集中与规模化经营，同时由于通货膨胀等因素，很多人将土地视作资产或是财富持有，他们通常不会用心经营土地，导致土地产出率低下。还有些国家将土地买卖视为违法行为，范和陈康（2005）认为这种限制会阻止为了提高生产效率而进行土地流转的行为，这种情况下，农户只能进行劳动密集型的农业生产活动。齐默尔曼和卡特（Zimmerman 和 Carter，1996）指出，很多小农经营主体抵抗各种风险的能力较弱，因为他们将手中持有的土地视作珍宝，不愿轻意转出，这也阻碍了土地市场完备性的发展。

再次，信贷市场的不完善。菲德尔（1985）研究发现，发展中国家的农业市场存在严重的信息不对称问题，大规模金融信贷企业对农户贷款的审批条件非常高，以致小规模经营主体很难满足贷款要求，因此与大规模经营主体相比，小规模经营主体由于缺乏资金的支持，在使用农药、化肥等农业现代化投入要素方面受到极大的阻碍。这时小规模经营主体只能通过投入更多的劳动力以提高土地产出率。

　　最后，风险因素。由于发展中国家面临着众多农业生产的风险，如自然灾害等风险，此外，由于信息不对称以及各种市场不完善带来的不确定性使农户趋向于风险规避型作业，他们通常会在一小块土地上种植多种农作物，并投入大量的家庭农业劳动力，以提高土地产出率，这属于不计成本的提高土地产出率（Rosenzweig 和 Binswanger，1993；Eastwood 等，2006）。巴罗特（Barrett，1996）从价格风险的角度解释了土地规模与土地产出率为什么呈反向关系，小规模农业经营主体是农产品的购买者，而大规模的农业经营主体是农产品的售出者，在面临农产品价格风险的时候，小规模经营主体倾向于投入更多的劳动力来抵抗风险，而大规模农业经营主体则会作出相反的策略，这也导致了小规模农业经营主体具有更高的土地产出率。巴罗特虽然给出了似乎合理的解释，但是在实际农业生产中，如何区分农产品的购买者和售出者是比较困难的。

（五）土地规模与劳动生产率和全要素生产率的相关研究

　　在讨论土地规模与生产率的关系时，除了分析土地规模与土地产出率的关系外，还有研究将重点放在了土地规模与劳动生产率和全要素生产率的研究上。通常的解释认为，扩大土地规模、加大机械和农药化肥的使用后，农业劳动生产率会得到提高。范和陈康（2005）选取了中国、日本、韩国、印度和泰国五个发展中国家为研究对象，发现土地规模与农业劳动生产率呈正相关关系。黄祖辉和陈欣欣（1998）抽样调查了浙江省宁波市和嘉兴市的粮食生产数据，发现土地规模与劳动生产率具有显著的正相关关系。李谷成等（2009）采用实际农业用工量和农业投入的劳动力数量作为衡量劳动生产率的指标，依旧得出二者正相关的结论。

　　学者们对土地规模与全要素生产率的相关性各持己见。贝里和克莱因（1979）分析了土地规模与全要素生产率的关系，发现二者具有显著的正相关关系。范和陈康（2005）通过印度、韩国、泰国的研究同样证实了这一点。赫尔方和莱文（Helfand 和 Levine，2004）研究了巴西地区的土地规模与全要素生产率，同样证实了这一观点。然而，汤森等（Townsend 等，1998）研究了南非的葡萄种植业，发现土地规模与全要素生产率没有显著关系，李谷成等（2009）也得出了同样的结论。辛格等（Singh 等，2018）使用了印度的 160 户农户数据，发现农业规模与小农户的生产率呈显著的正向关系，原因在于他们使用了大量的化肥、种子与现代化的灌溉技术。

（六）土地规模经营的规模经济与规模报酬的相关研究

还有学者从多要素投入和产出的角度分析农业规模经营的成效，检验农业生产是否存在规模经济的效果。例如，可计算出种子、农药、机械等农业投入的弹性系数，然后基于投入要素的弹性系数来分析土地适度规模的成效。弗莱舍尔和刘（Fleisher 和 Liu，1992）对江西、江苏、吉林、河南和河北 5 省的 6 个地区进行抽样调查，获得 1200 个农户样本，主要以水稻、大豆和棉花的种植户为研究对象，计算出各项农业作物生产要素投入的弹性系数，发现这三种农作物的生产存在规模报酬递增的现象。万和程（Wan 和 Cheng，2001）将土地细碎化的因素考虑在内后，计算出我国粮食生产的投入要素弹性系数，发现粮食生产具有规模报酬不变的特性。吴等（Wu 等，2005）与陈等（Chen 等，2009）得出了相似的结论。苏旭霞和王秀清（2002）以山东省莱西市为研究对象，测算了玉米和小麦的生产投入要素的弹性系数，同样得出了农业中存在规模经济效应的结论。此外，早见和拉坦（Hayami 和 Ruttan，1985）测算估计出发展中国家和发达国家的农业生产函数，作对比后发现发展中国家的农业生产处于规模收益不变的状态，而发达国家则处于农业规模递增的状态，使用农用机械是实行土地规模经营的先决条件。

（七）土地适度规模经营的"适度"研究

土地规模经营是否存在最优的"适度区间"？郑少锋（1998）提出土地适度规模经营的区间由其目标决定，不同的土地适度规模经营目标就会出现不同的适度经营区间。吴昭才和王德祥（1990）以辽宁省锦州市为调研对象，发现不同的经营目标得到的土地适度规模经营的区间是不相同的，他们以土地产出率、劳动生产率和盈利率分别作为经营目标来确定土地适度规模经营的区间。刘秋香等（1993）也分别用这三个经营目标对河南省南阳地区的农业生产进行抽样调查，最终计算出该地区的土地适度规模经营的区间为4.95—7.05亩。许治民（1994）抽样调查了霍邱县土地经营规模在百亩以上的50户农户，在分析农业生产效果后发现，劳均经营10—15亩是土地的适度规模经营区间。汪亚雄（1997）以南方各省的农户为抽样对象，并通过劳动统计代数分析出劳均10亩是适度规模经营的有效范围，因为10亩的适度规模可以均衡劳动生产率和相对收益率。齐城（2008）分析了河南信阳种植业农户的经营状况，发现若以劳动生产率作为土地适度规模经营的目标，可以得出5.12亩是最优的土地经营规模。

还有学者通过建立土地适度规模经营的理论模型，来确定土地适度规模经营的区间。张海亮和吴楚材（1998）分别以农户人均收入、亩产、亩均成本以及劳动力转移为目标函数，构建了实现土地适度规模经营的理论条件。卫新等（2003）提出一个确定土地适度规模经营的上下临界要求，分别是满足当地经济发展及农业生产所需要的土地数量和不降低土地产出率与经济效应。褚保金和游小建（1998）以种植业农户为样本，假设农业机械与劳动力可替代，并以农业生产成本最小化为生产目标，构建了一个数学模型来计算土地适度规模经营的具体数值。张侠等（2002）对中国30个省（自治区、直辖市）进行划分，分别给出了不同省份具体测算土地适度规模经营的方法。钱贵霞和李宁辉（2004）基于贝克尔家庭生产函数模型计算出我国粮食主产区的土地适度经营规模。

以上研究主要根据中国各地的资源禀赋、经营状况、生产力水平等要素，并结合农业的单位产出与投入、农户的具体家庭情况与农村的生产条件，量化土地适度规模经营。然而，这些研究结论大都基于中国特定的农业生产地区的数据得出，并没有考虑中国农业生产的整体情况，也没有考虑城乡间的关系、不同种植品种间的差异对土地适度规模经营的影响。此外，以上研究结果均为具体数值，这在推广土地适度规模经营时很难实施。刘凤芹（2003）也认为土地适度规模经营很难得出一个普适性的数值。陈秧分等（2015）研究得出土地适度规模经营应从多角度进行考虑，如对经营主体的农户而言，利润最大化是其追求的目标，而对政府而言，则将粮食安全放在首位，因而将产量最大化作为首要考虑的因素。因此，首先需要站在不同的立场分析土地适度规模经营的范围，如政府最为重视的产量最大化、农户最为关切的利润最大化以及成本最小化。其次还需要从与土地适度规模经营相关的土地流转，以及与土地适度规模经营相适应的新型农业服务规模等方面展开研究（许庆和尹荣梁，2010）。

（八）农地流转与农业生产率的相关研究

农地流转是实现农地规模经营的有效途径，也对提高农业生产率有着重要影响（Heltberg，1998）。在中国家庭联产承包责任制下，村集体土地进行平均分配，使得农业经营受到农村土地细碎化影响严重，很难实现规模经营的目标。比较已有的研究农地流转与农业生产率的相关文献发现，学界对农地流转和农业生产率的关系并无统一定论。例如，陈园园等（2015）研究了晋西北地区的农业发展状况，发现农地转出虽然对农业劳动生产率没有明显的影响，但是农地转入则对提高农业生产率具有明显促进作用。钱龙和洪名勇（2016）将农业生产率分别用单位土地产出率和单位劳动生产率来衡量，发现仅有农地转入对单位土地产出率具有正向影响，而农地转出对单位土地产出率和单位劳动生产率均没有影响。张建和诸培新（2017）采用问卷的形式对江苏省四个地区进行了调研，并进一步对问卷进行分析发现农地转入（包括自发转入和村集体转入）均对提高单位农业劳动生产率和全要素生产率具有积极作用。

二、农业生产性服务业规模经营的效果评估

（一）农业生产性服务业的作用研究

农业生产性服务业的作用分析是学者们一个重要的研究视角，其对农业发展的促进作用可与劳动力、工业化比肩（魏修建和李思霖，2015）。李炳坤（1999）认为通过发展社会化服务业可以提高土地生产率的同时解放农业劳动力。刘楠和张平（2014）研究发现，农业生产性服务业对农民收入的长期弹性显著、对农业产业结构的长期弹性处于中间水平、对农业生产效率的长期弹性不显著，与此研究相关的是，陈郁青（2015）对我国东部、中部、西部农业主产区进行了研究，发现农业生产性服务业的投入弹性系数在中部与西部地区较高，而在东部地区较低。

此外，还有学者从定性的角度对农业生产性服务业的发展进行研究。郝爱民（2011）将农业劳动生产率的首次大幅度提高归功于制造业的发展，他预测农业劳动生产率的下一个大幅度提高将会是农业生产性服务业规模的发展带来的。姜长云（2011）研究认为农业生产性服务业对完善农产品市场具有非常重要的作用，如稳定农产品价格、提高农业抵抗风险的能力和保障粮食安全等作用。张红宇等（2015）指出我国当前面临的农业困境，如农业劳动力供给不足、土地荒废或经营管理不善等问题，可以通过发展农业生产性服务业来化解。姜长云（2016）同样指出，如今农业投入过度依赖要素的使用，而比较收益呈下降趋势，农业价值链升级缓慢，在这种情形下，农业生产性服务业的发展有助于克服这些问题。冀名峰（2018）指出，农业生产性服务业是我国农业现代化发展的第三次推动力量。

还有学者从供给需求的角度研究了农业生产性服务业的发展。如宏观方面对农业生产性服务业发展的影响，有学者通过"外溢"效应证明了经济发展、城市化、农业政策背景、农业现代化技术、农村内

部的消费、公共服务供给等宏观因素直接影响着农业生产性服务业的发展（陈鸣和周发明，2016）。从需求的角度看，李颖明等（2015）研究发现农业生产的前期和中期对生产性服务的购买需求较大，这样可以节约农业生产成本。李俏和王建华（2013）认为政府应该在农业生产的后期提供支持，以克服服务供给不足的问题。

（二）农业生产性服务业的国际经验借鉴

农业生产性服务业起初是在发达国家和地区实行起来的，也是欠发达国家和地区需要学习的重要经验。虽然各个国家的农业生产性服务业的发展体系各异，但相同的是他们对农业技术成果的转化具有相似的过程，是值得学习借鉴的（李宾和孔祥智，2015）。此外，发达国家面临着劳动力老龄化、农业劳动力向非农化转移的问题，这时发展农业生产性服务业可有效缓解这些问题（李一平，2013）。根据国际经验，农业生产性服务业的专业化程度越高，农业现代化水平也越高，在这个过程中，农业产业链和价值链的发展得到了很好的推动（姜长云，2016）。还有很多学者对比了国外与国内农业生产性服务业的发展历程，从中发现相同之处与不同之处（胡宜挺和肖志敏，2014；贾广东等，2015）。还有学者对比了国外与国内农业生产性服务业中的某一项项目，以进行精确化分析（徐雪高和沈贵银，2014；刘清芝，2015）。

（三）农业生产性服务业与土地适度规模经营的关系研究

土地适度规模经营与农业生产性服务业的发展是相辅相成的关系，二者可以相互促进。分工与专业化的形成引导了社会化服务的形成，农业生产亦是如此。农业生产的产前、产中和产后为农业生产性服务业创造了很多服务需求，也为扩大土地适度规模经营创造了条件（王钊等，2015）。农业生产性服务业的发展更具有规模经营的灵活性，弥补了土地适度规模经营的不足。陈思羽和李尚蒲（2014）则从交易成本的角度发现，农业生产性服务业的发展有助于降低成本，更有利于扩大土地的经营规模。李颖明等（2015）提出农业生产性服务业水平是农地规模经营的重要约束条件和影响因素，基于10个省份的调研数据研究表明，农业生产性服务业与土地规模经营之间有明显的正相关关系，社会化服务可以从借贷服务、保险服务、土地流转服务、农机服务等方面促进农业生产的发展。

（四）农业生产性服务业规模经营与农业生产率的相关研究

农业生产性服务业的发展有助于提高农业生产率（Reinert，1998；韩坚和尹国俊，2006），但是文献中关于农业生产性服务业对于农业生产率直接影响的研究很少。在讨论农业生产性服务业对于农业产出影响的机制效果时，通常的研究逻辑是农业生产性服务业相当于直接增加了农业生产的投入要素，从而导致专业劳动力和资本在农业生产过程中的需求量加大，进一步增加农业产量。比如，陈笑艳（2014）利用2003—2011年广东省的农业生产数据，研究了农业生产性服务业对广东省农业生产率的影响，整体而言，农业生产性服务业促进了农业生产率的提升，但是不同类别的服务效果存在差异。

很多学者关注农业生产性服务业与农业生产率的关系，并通过计量分析对两者的关系进行识别。比如，李启平（2008）研究发现，就农业投入产出的角度而言，农业生产性服务业规模占农业生产的比重较低，这对农业生产性服务业的未来发展非常不利。进一步的研究表明，农业生产性服务业可以支持农业生产的各个环节，这对促进农业现代化发展具有重要作用（姜长云，2016）。魏修建和李思霖（2015）研究发现农业生产性服务业对促进农业发展的重要性等同于工业化的地位，主要体现在可以提高农业生产率、推动农业现代化发展。陈超等（2012）基于 C－D 生产函数与固定效应模型发现，农业生产性服务业可有效提高农业生产率，这种效果还会随着时间的推移而增强。

第五节　农业生产效率的相关研究

本书从农业生产效率着手，具体分析中国农业适度规模经营的问题，因而下面从农业生产效率的内涵、测度及估计方法三个层面对其相关研究进行论述。

一、农业生产效率的内涵和测度

国内文献中经常将生产率和生产效率混用，然而，两者之间的差异是非常明显的。农业的生产率一般刻画的是单位要素投入的平均产出水平，比如土地产出率、劳动生产率等变量。而农业的生产效率指的是农业经营的微观主体在一定的农业生产技术水平下，利用生产资料达到的产出优化程度，可以用实际产出水平相对于最大潜在产出水平的比例作为测度。文献中有很多人直接用生产率作为生产效率的测量指标，比如采用平均的劳动生产率表示生产效率。这样的测量方法无法反映各种要素的综合效果以及生产改进的可能空间。为此，学者们开始设计专门的效率指数。法雷尔（1957）首先基于生产前沿理论构建了生产效率的估计方法，他将生产效率分成两个部分：技术效率和配置效率。生产效率测度指标的估计值一般在［0，1］的区间内。比如王等（Wang 等，1996）利用中国农户家庭调查 1991 年的数据，采用随机前沿分析方法估计了农业生产效率，发现平均生产效率水平为 0.62，同时发现，农户家庭成员的教育水平、家庭规模和人均纯收入与生产效率正相关，特别地，农地流转有助于提高农业生产效率。法勒等（1985）进一步地将技术效率分解成规模效率和技术效率。后来的很多研究将生产效率分解成三个方面进行考察：技术效率、配置效率和规模效率，三个效率指标的估计值都在［0，1］的区间内。比如查维斯等（Chavas 等，2005）基于非洲国家冈比亚的家庭农场研究发现，农户的农业技术效率均值大概为 0.952，配置效率的均值水平为0.567，而规模效率的均值水平为0.818，从而得出结论：冈比亚农业效率损失的主要原因是配置效率，而影响配置效率的主要因素来源于不完全资本市场和非农就业。

三个生产效率的指标中，技术效率反映的是要素投入向产出转化的过程中充分利用当前最优技术的程度。可以将当前的技术最优产出水平称为生产函数前沿，实际产出与生产函数前沿之间的比例称为技术效率水平，而两者之间的差异称为技术无效率。朱和兰幸克（Zhu和Lansink，2010）利用欧洲三国（德国、荷兰和瑞典）的农作物产出数据估计了1995—2004年间农业生产的技术效率，结果发现，在十年平均水平上，德国的技术效率为0.64、荷兰为0.76、瑞典为0.71，同时发现农产品补贴政策降低了德国的技术效率，提高了瑞典的技术效率，而对荷兰的影响不显著。

配置效率反映的是各种投入要素和产出之间基于成本最小化或利润最大化达到的最优配置程度。例如，在产出不变的前提下，为了实现成本最小化而达到的投入要素最优配置组合；或在技术条件不变的前提下，为了实现利润最大化而达到的投入要素与产出的最优配置组合。法雷尔（1957）基于投入导向将配置效率定义为，在产出不变的前提下，通过要素投入量的组合优化最小化总成本，其与调整前实际成本之间的比值则可以作为配置效率的指标。有不少学者从配置效率的视角分析土地适度规模经营对农业生产的影响和作用（Kalirajan和Huang，1996；胡初枝和黄贤金，2007）。具体地，卡利拉詹和黄（Kalirajan和Huang，1996）对广东、江西、四川、山东和吉林5省的粮食生产进行了调研，基于利润最大化的配置效率分析，发现扩大土地经营规模是提高粮食产量的重要途径。胡初枝和黄贤金（2007）抽样调查了江苏省铜山县的农业生产情况，发现土地适度规模经营可以提高农业生产要素的优化配置效率，并提高农业生产绩效。张乐和曹静（2013）利用随机前沿生产函数法估计了中国农业生产的全要素生产率，发现配置效率变化是农业全要素生产率增长的主要促进因素。

规模效率反映的是生产的最优适度规模。贾费什和怀特曼

（Jaforullah 和 Whiteman，1999）估计了新西兰奶农的规模效率，结果发现 19% 的奶农处于最优规模，28% 的奶农处在最优规模以上，53% 的奶农处在最优规模以下，而平均的技术效率水平为 0.89。

二、农业生产效率的估计方法

从法雷尔（1957）关于生产效率的经典文献开始，学者们就开始关注农业生产效率的估计方法。当前，最常见的农业生产效率的估计方法主要有数据包络分析法（Data Envelopment Analysis，DEA）和随机前沿分析法，其中 DEA 方法是一种非参数估计，SFA 方法是一种参数估计。另外，需要注意的是，很多研究者直接采用土地、劳动力或资本等要素生产率或全要素生产率作为农业生产效率的替代变量进行分析（张超等，2018）。

从测度上讲，生产效率反映的是当投入既定时，可以增加产出的水平，或当产出既定时，可以减少投入的水平。因此，当技术水平一定时，需要估算出全部投入要素组合对应的最大产出集合，即生产前沿。DEA 方法是按照非参数的方法来估计生产前沿，而 SFA 方法是基于参数方法来估计生产前沿。

具体而言，SFA 方法首先选取生产函数的具体形式，比如常见的生产函数有柯布—道格拉斯函数、超越对数生产函数等。然后基于特定的计量模型对于生产函数中的参数进行统计估计。参数估计方法经历了两个发展阶段：确定性前沿模型和随机前沿模型。早期的研究基于确定性前沿模型，不考虑随机因素对于产出的可能影响。这种处理将所有随机因素都归为技术无效率进行处理，存在比较大的偏误。因此，麦森和布鲁克（Meeusen 和 Broeck，1977）、艾格纳等（Aigner 等，1977）分别提出了随机前沿模型（即 SFA 方法），较好地处理了生产过程中的随机冲击，对于生产效率的估计更为精确。

而 DEA 方法由查恩斯等（Charnes 等，1978）创建，运用线性规划的方法，基于相对效率评价同一类型部门的绩效。这种方法依据同一决策单元的投入数据和产出数据组成生产的可能集，从而形成生产有效前沿，然后通过比较各个决策主体距离前沿的距离来判断投入产出的合理性，构建效率指标。

两种估计方法在研究中使用非常广泛，比较而言，各有优劣。SFA 方法的核心优势是考虑了随机因素对产出的影响，它将实际产出分解为生产函数、随机因素及技术无效率三部分进行研究。而 DEA 方法没有考虑随机因素对产出的影响，而是将实际产出小于最大前沿产出的原因都归结为技术无效率。但是 SFA 方法作为参数估计，估计结果依赖于参数的选取。同时，DEA 方法在处理多产出情形时相对简单便捷。

国内外学者利用两种方法对于农业生产效率进行了大量的研究。贾弗什和怀特曼（1999）基于 DEA 方法估计了新西兰奶农的规模效率。高顿和戴维多娃（Gorton 和 Davidova，2004）同时采用了 DEA 和 SFA 两种方法估计中东欧国家的农业生产率和生产效率。沙夫等（Chavas 等，2005）将参数方法和非参数方法相结合，同时估计了非洲国家冈比亚的三种农业生产效率。李周和于法稳（2005）利用 DEA 方法分析了中国西部地区县域层面的农业生产效率，包括规模效率、技术效率和全要素生产率。郭军华等（2010）利用三阶段 DEA 方法分析中国 2008 年的农业生产效率。陈训波等（2011）利用 DEA 方法测算了北京、上海和广东三省农地流转对农业生产率的影响。张乐和曹静（2013）利用 SFA 方法对全国 30 个省份 1990—2010 年间的面板数据进行分析，估计了农业生产的技术效率。

第六节　农业适度规模经营研究文献评述

发展农业适度规模经营具有重要的理论与现实意义。中央政府对农业适度规模经营一直以来都是支持的态度，中国农业适度规模经营是以土地流转为主要途径形成的土地适度规模经营以及通过农业生产流程中的服务外包形成的农业生产性服务业规模经营。总而言之，土地流转型和服务带动型适度规模经营两种模式结合发展，是未来中国农业适度规模经营发展的主要方向，引领着当前农业现代化发展的进程。

本章对农业适度规模经营的内涵、必要性、经营模式与实际效果的相关研究进行了全面系统的梳理，回答了农业适度规模经营的四个根本问题，即"是什么""为什么""怎么做""怎么样"。首先，从农业适度规模经营的主体界定、度量方法、适度规模三个层面全面论述了农业适度规模经营的内涵。从狭义上讲，农业适度规模经营可以定义为农户家庭通过扩大土地经营规模优化农业生产效率的过程，主要通过家庭农户的耕地流转来决定农业经营的规模；从广义上讲，各种农业经营主体通过优化利用土地、劳动力、资金、设备、技术等多种生产要素实现利润最大化的经营行为就是农业适度规模经营的内涵。在统分结合的"双层经营"土地制度基础上，应该积极稳妥地推进农业适度规模经营。

其次，分别介绍了对于农业适度规模经营的质疑及支持的不同观点，通过比照更好地说明了推进农业适度规模经营的基本前提和必要性。对于农业规模经营的质疑主要与中国农村经济社会发展的落后局面相关联，随着城市化进程的推进和农业剩余劳动力的转移，基本形成了推进农业适度规模经营的共识。当前研究分析的重点是，依据不同的目标导向，因地制宜地合理确定适度经营的规模。

然后，基于土地适度规模经营和农业生产性服务业规模经营两种实现途径，分别介绍了实现农业适度规模经营的具体模式。土地适度规模经营的基础是土地经营权的流转，在长期的实践基础上，逐步形成了转让、转包、租赁、入股、互换等形式的土地经营权流转模式。农业生产性服务业的规模经营拓展了农业规模经营的范围，是农业现代化发展的必然选择。在遵循市场规律的前提下，政府主导提供公共服务的农业生产性服务业规模化经营模式扮演了重要的角色。

另外，重点讨论了关于农业适度规模经营效果评估的实证研究。

关于土地适度规模经营的效果评估一直是农业经济学的研究热点，为此，对于这个问题我们分八个主题进行了细致的探讨。根据不同的研究目标、基于不同的研究对象、采用不同的评价指标，土地适度规模经营的效果和最优适度区间都会存在显著差异。所以，在谈论土地适度规模经营的问题时，需要首先厘清自己研究对象所处的环境，清晰界定自己的研究目标和评价指标。对于农业生产性服务业的效果基本的结论是肯定性的，认为其适度规模的发展可以提高农业生产力水平，并为土地的适度规模经营创造更好的条件。

同时，在理解了农业适度规模经营研究的基础上，从定义内涵和估计方法两个方面介绍了农业生产效率的相关研究。虽然各种生产率的指标经常作为农业生产效率的替代变量进行分析，但是本书的研究需要厘清生产效率和生产率之间的差异。特别地，本书的研究将基于SFA方法对农业生产效率进行估计，因此，需要了解相关概念和估计方法。

基于学者们的大量已有研究，可以确定的是，农业适度规模经营问题依然是具有重要理论价值和现实意义的研究主题。首先，从理论上讲，有必要进一步探究推进土地适度规模经营和农业生产性服务业规模经营的机制和内在原理。其次，从实证上讲，有必要进一步改进研究方法，对于农业适度规模经营的最优适度区间进行探究。同时，伴随着中国农业现代化进程的飞速发展和非农化趋势的日益明显，有必要采用最新的数据对于当前的农业规模化经营问题进行研究。

因此，本书的研究正是回应了这样的需求，主要从以下几个方面对于已有研究进行拓展：（1）以农业适度规模经营与农业生产效率的关系为突破口，构建理论模型探究农业规模经营如何影响生产效率，并提出可以进行实证检验的理论假说。（2）基于2012年中国家庭追踪调查的微观数据，采用随机前沿分析模型检验农业适度规模经营与农业生产效率的关系。据我们所知，2012年的CFPS数据是覆盖全国范围同时包含农户家庭农业生产和经营信息的最新数据库，具有重要的研究价值。而SFA的估计模型作为估计生产效率的有效工具，已经成为国际学术界普遍认可的分析方法，但是用于中国数据的研究很少。（3）土地流转是实现土地规模经营的主要实现方式，已有研究中对于土地流转效果的研究并不充分，本书提供了更加系统的分析。（4）土地适度经营规模是土地流转的目的，也是提高土地产出率与劳动生产率的手段之一，然而已有研究没有明确得出适合中国基本情况的农地适度规模经营的具体范围，本书在这个问题上提供了进一步的探索。（5）现有研究对于分析农业生产性服务业对农业生产效率影响的方法欠佳，没有通过专门计算效率的方法研究二者的关系，本书在生产效率估计的框架内，完善了农业生产性服务业规模经营对农业生产效率影响的研究。

总之，本书的研究对于当前中国农业适度规模经营的理论分析和政策探讨具有重要现实意义，对于进一步认识农业适度规模经营的效果、完善最优适度区间具有重要学术价值。

第二章　中国农业适度规模经营的发展历程与现状分析

　　2017 年党的十九大报告重点提出了乡村振兴战略，并将农业社会化服务体系的建立健全与如何将小规模农户融入农业现代化中，作为未来农业发展的战略部署。这里既体现了未来我国将发展农业社会化服务体系的趋势，又体现了我国当前农业发展面临的一项突出问题，即如何协调小农户与现代农业的共同发展。未来很长一段时间内，我国农业政策目标的重心都会放在如何衔接小农户与农业现代化的发展当中，建立健全农业社会化服务体系是实现这一政策目标的重要发展路径。人多地少、人均耕地面积小是我国农业生产的现实情况，据统计，2015 年年底，我国农村人均耕地又为 3.36 亩。[①] 1978 年，也就是刚刚实行家庭联产承包责任制时，我国的人均耕地还不到 1 亩。如何在土地细碎化严重的小农户经营中实现农业的现代化发展是大家争论的焦点，有些学者认为就应该在小农户的基础上实现农业现代化（贺雪峰，2017），还有学者支持以土地流转的方式形成规模经营，最终实现农业现代化（李瑞琴，2015）。然而，由于现实条件的约束，孔祥智（2015）认为无论是家庭农场、农业合作社还是农业企业等以土地为核心的规模经营都不会太大。

　　国家在政策上对土地流转和规模经营始终是支持的。1987 年的"中央五号文件"指出在全国选取一些地方发展适度规模经营的家庭

---

　　① 国家统计局：《中国统计年鉴（2016）》，见 http://www.stats.gov.cn/tjsj/ndsj/2016/indexch.htm。

农场或合作农场。1998 年,《中共中央关于农业和农村工作若干重大问题的决定》将发展多元化的土地规模经营模式提上议程,而后一直到 2006 年,发展多种形式的适度规模经营成为农业政策的核心内容。2008 年以后,以土地租赁为主要表现形式的土地流转在全国快速发展,土地流转也随之成为农业政策的核心内容。2017 年,"中央一号文件"提出加快发展土地流转型和农业服务带动型的多元化农业适度规模经营。因此,根据"中央一号文件"的精神,土地流转型和服务带动型的规模经营是农业适度规模经营的主要形式(孔祥智,2018)。由于地区差异,国内对发展农业规模经营的方式各有不同,但是其本质无外乎是土地集中的规模经营和农业社会化服务的规模经营两种,而土地流转型的规模经营与服务带动型的规模经营之间是有联系的,比如通过土地流转扩大规模经营的农户也可以购买农业社会化服务来辅助规模经营的进一步发展,而对于农业服务化经营主体来说,经过土地流转后集中起来的大片土地更有利于机械化等农业服务的作业。为了深入了解我国农业适度规模经营的本质,下面将对土地流转型规模经营和服务带动型规模经营的发展历程进行梳理,并对当前现状进行分析。

第一节 中国土地适度规模经营的发展历程

新中国成立 70 多年来,我国土地适度规模经营历经了诸多变化。为了客观地反映出这些实际变化,本书首先以改革开放为分水岭,将我国土地适度规模经营的发展历程分为两个阶段:改革开放前 30 年和改革开放后 40 年;其次,再将改革开放前 30 年细分为三个发展阶段,将改革开放后 40 年细分为四个发展阶段。

一、1949—1978 年中国土地适度规模经营的发展历程

新中国成立至改革开放前,我国土地适度规模经营可基于土地改

革、农业合作社及人民公社制度划分为以下三个发展阶段。

（一）第一阶段：1949—1952 年土地改革

土地改革最初是在解放战争时期发起的，一直持续到新中国成立后的 1952 年年底。土地改革将封建土地所有制废除了，农户获得了土地的所有权和经营权，自此，中国农业转变成了以农户为经营主体的小规模经营模式。1950 年 6 月，中共中央出台了《中华人民共和国土地改革法》，其目的在于将封建土地所有制彻底废除，让农民当家做主人，成为土地的主人，同时解放生产力发展生产力，为工业化的发展作出贡献。这一时期农业经营有两个重要特征：第一个特征是小规模经营。这一时期农户的户均耕地占有数大约为 19.68 亩，户均拥有农耕牲畜是 0.6 头。[1] 第二个特征是平均分配。土地改革的目标是没收农村中大量私有土地、农机具等农业生产资料，由农村集体组织管理后再平均分配给贫下中农所有。这一时期土地的分配标准是按照农户家庭人头数来计算的。因而，农户经营土地亩数的差异是由家庭人口数决定的。1953 年年底，土地改革在全国基本完成后，私有土地均等地分配给了农民，农民真正拥有了土地的经营权，中国农村也形成了耕者有其田的局面，这极大地激发了农民的生产热情和劳动生产率，促进了农业快速发展。从 1949 年到 1952 年年底，粮食、棉花、油料、糖、猪牛羊肉产量分别增长了 44.83%、193.69%、63.67%、168.19% 和 53.86%。[2]

（二）第二阶段：1953—1957 年农业合作社

1953 年开始，党中央为了加快工业化和社会化的改造进程，开始了农业合作化的新征程。这一时期的农业合作社包括两个部分，分别是初级合作社和高级合作社。1953 年 2 月，中共中央发布了《中共中

---

[1] 国家统计局：《1954 年农家收支调查报告》，中国统计出版社 1957 年版，第 45 页。

[2] 国家统计局农村社会经济调查总队编：《中国农村统计年鉴（1996）》，中国统计出版社 1996 年版，第 165—166 页。

央关于农业生产互助合作的决议》，在这一阶段，一些散户在政府的推动和组织下成立了农业初级合作社，具体地，农户将土地等生产资料以入股的形式进行集中，然后大家集体劳动、农业生产实行统一化的经营管理，最终农民按劳动和土地投入的多少进行分配。与上一阶段相比，农业合作社会限制一部分农民的土地产权，但是农民仍然享有土地的所有权，农民也可以根据自己的实际情况自愿选择"进入"或是"退出"农业合作社，当农民选择"退出"农业合作社时，他们有权带走当初入社时带来的土地等农业生产资料。农业合作社的宗旨便是让农民通过土地等农业生产资料入股的方式形成一种农业生产间的互助合作，最终实现社会主义集体制的高级农业合作社。高级农业合作社的基本生产单位是生产队，形式是将土地、劳动力等农业生产资料完全交由生产队使用，形成全面的集体化生产。采用劳动报酬记工分的分配形式，农户的家庭收入取决于工分的多少，与工分等价的是整个集体中农产品的净收入。与 1950 年相比，截至 1955 年 6 月底，农户加入初级合作社的比重已经从 0.002% 上升到了 14.2%，初级合作社多达 60 多万个，1956 年，初级合作社进一步发展到 200 万个，全国有 7500 多万农户入社，超过全国农户总量的 60%，高级合作社也在迅速发展。这一时期，农村中涌现了多种形式的农业规模经营模式，极大地促进了农业的发展。[1]

1955 年 7 月，毛泽东同志大力支持全面搞活高级农业合作化经营。1956 年 1 月，中共中央颁布了《1956 年到 1967 年全国农业发展纲要（草案）》，规定，1956 年年底，全国必须全面完成初级合作社，并逐步展开高级合作社试点工作，截至 1958 年，全国须全面完成高级合作社。1956 年 6 月 30 日，中共中央颁布了《高级农业生产合作社示范章程》，自此，高级农业合作社在中国全面铺开行动。至 1957 年，我国高级农业合作社已达到了 75.3 万个，平均每个社 158.6 户，拥有

---

① 李德彬：《中华人民共和国经济史简编（1949—1985）》，湖南人民出版社 1987 年版，第 185 页。

耕地数量超过 2000 亩（见表 2 - 1）。然而，由于农业高级合作社发展的速度过于迅猛，很多条件都不是很成熟，最终导致了农业产量下降的结果。如 1950—1952 年，我国粮食增速大约为 13.1%，而 1955 年却下降到了 8.5%，1956 年持续下降到 4.8%，到 1957 年，我国的粮食增速仅为 1.2%。[①]

表 2 - 1　1950—1957 年中国农业合作社发展情况

年份		1950	1951	1952	1953	1954	1955	1956	1957
初级社	社数（个）	18	129	4000	15000	114000	628000	216000	36000
	每社农户数（户）	10.4	12.3	15.7	18.1	20	26.7	18.2	44.5
高级社	社数（个）	1	1	10	150	200	500	540000	753000
	每社农户数（户）	32	30	184	137.3	58.6	75.8	198.9	158.6

资料来源：林毅夫：《制度、技术与中国农业发展》，上海三联书店、上海人民出版社 1993 年版。

（三）第三阶段：1958—1978 年人民公社制度

1958 年 8 月，《中共中央关于在农村建立人民公社问题的决议》颁布，决议指出农村的经济发展、社会主义经济建设需要依托人民公社来完成。之后，人民公社运动发展迅猛，到 10 月底，全国 7.4 万个农业合作社全部完成公社化改造，人民公社的数量超过 2.6 万个，约有 1.2 亿农户参加了人民公社，参加人民公社的农户数占到了全国总农户数的 99% 以上。然而，1958—1950 年三年间人民公社过于强调发展的速度，过于强调规模越大经济就越好的思想，导致了我国当时农业生产力的下降，1962 年与 1957 年相比，粮食、棉花、油料等农产品产量大幅度下降，分别由 19505 万吨下降到 16000 万吨、由 164 万吨下降到 75 万吨、由 420 万吨下降到 200 万吨，这三年的人民公社化对农业生产和全国人民的生活都带来了极大的负面影响。1961 年，中

[①] 李德彬：《中华人民共和国经济史简编（1949—1985）》，湖南人民出版社 1987 年版，第186 页。

央逐步认识到当前人民公社发展的重大问题，开始重新修订人民公社的制度与规模。①

1961 年 3 月，在毛泽东同志的主持下中央在广州召开工作会议并制定了《农村人民公社工作条例（草案）》，该项条例主张人民公社要采取适度规模经营，不应过分追求大规模经营，同时，在经营单位上分三级所有，分别是人民公社、生产大队和生产队，其中生产大队作为核心基础的生产单位。1962 年 2 月，中共中央再次颁布《中共中央关于改变农村人民公社基本核算单位问题的指示》，将生产队设立为基本生产单位，这里对生产规模做了进一步解释，具体表现在生产大队等同于高级农业合作社，而一个生产队的最优标准是拥有二三十户农户，当然这也不是绝对不变的，如在平原地区或是土地富余而人口稀少的地区可以适当多分一些农户，而在人口多而土地稀少的山区等地区，可以适当将人民公社的规模缩小。1962 年，《农村人民公社工作条例（修正草案）》在党的八届十中全会上通过，该项法案规定人民公社实行"一乡一社"的规模经营。直至 1978 年改革开放前，中国农村一直实行着这种"三级所有"的基本经营制度。这种经营制度的特点是：生产队集体所有大部分土地，仅有少部分土地掌握在人民公社和生产大队手上。其中生产队集体拥有的土地被分成了三种用途，分别是统一经营土地的主要部分，自留地将按照家庭人口数平均分配，农民可免费使用土地，宅基地与自留地相同，按家庭人口数均分后，农民享有免费使用权，但是最重要的一点是，农民不可以自由买卖或转租土地，这项规则一直延续到改革开放以后。

经过 1961—1962 年的一些调整后，中国一些农村地区恢复了"包产到户"，即"责任田"的经营形式，这种形式的生产方式提高了农民生产的热情，促进了农业的良好发展。最具代表性的便是安徽省的 36 个县，实行"包产到户"的县，其 1962 年粮食产量平均比 1961 年

---

① 李德彬：《中华人民共和国经济史简编（1949—1985）》，湖南人民出版社 1987 年版，第250 页。

增长 38.9%，与此相对的是那些没有实行"包产到户"的县，其粮食产量仅比上年增长了 12%。也就是说，1962 年左右，试行"包产到户"的地区尽管农户的经营规模变小了，但是事实证明，他们的农业产量却提高了，但由于"包产到户"客观上否定了集体经营的思路，因此很快便被停止了。整体来看，1958—1978 年，中国农村的经济体制是以集体经济为主、以全体社员共同拥有农业生产资料为辅进行运作的。因此，农民个体的工作表现和工作结果并没有直接的相关性。从经济学角度来理解，就是说农民个体的行为结果是外生给定的，农民个体的努力程度与他们所获得的结果并没有太大的相关性，从理性经济人角度来分析，当农民不能通过自身努力获得更大收益时，他们便会降低自身成本，以获得收益的最大化，这时"搭便车"的现象就会出现。

二、1978 年至今中国土地适度规模经营的发展历程

1949 年 10 月 1 日，新中国成立，中共中央首次发布"中央一号文件"。1982 年，关于农业发展问题的"中央一号文件"再次回归，并连续发布五年，也就是到了 1985 年，即史上著名的"五个中央一号文件"。继而到了 2004 年，"中央一号文件"在 18 年后再次强势回归，对"三农"问题继续进行了浓墨重彩的书写，此后的 15 年，中央持续每年发布有关农业、农村和农民问题的"中央一号文件"。在此期间，中国于 2001 年加入世界贸易组织，这对农业的供给、需求乃至生产方式都产生了很大的影响。因此，本书就这几个关键的时间点对 1978 年至今的农业经营规模发展历程再次细分成以下四个阶段。

（一）第一阶段：1978—1981 年家庭联产承包责任制得到初步试行

中央实行"土地归集体所有，承包权和经营权落实在农户家庭"的土地制度，安徽省凤阳县小岗村实行的"包产到户"是此次制度变迁的起源地。1979 年 9 月，党的十一届四中全会颁布了《中共中央关

于加快农业发展若干问题的决定》，在政策上对实施"包产到户"的农户给予了非常宽松的环境。农业经营政策在适度宽松后，一些地区实行"包产到户"的成效非常显著，农业产量得到了较大提高，1980年5月31日，邓小平同志同中央相关负责的人员进行谈话后，也作出了支持"包产到户"的表态，就此，1980年9月14日至22日，中共中央就农业生产责任制的进一步加强和完善在全国各地召开了会议。随后发布了《关于进一步加强和完善农业生产责任制的几个问题》的中央文件，其中明确指出，对于边远落后的农村地区，应根据当地群众的需求，保证长时期内的农业稳定生产，实行"包产到户"或是"包干到户"。在条件较好的农村地区，若已经实行了"包产到户"，且实行效果尚佳的，则顺应群众的要求，或继续实行或做其他调整。此次会议文件的颁发彻底改变了传统"包产到户"的观念，即"包产到户"就等同于分田单干的思想。这次中共中央提出"包产到户"的农业生产责任制是中国共产党首次提出用来解决农村贫困问题的一项办法，也是对政策思想的一次重大理论突破。1980年6月，多种形式的农业生产责任制在全国约91.4%的农村生产队中成立，实施土地联产承包责任制的农村生产队约占全国总生产队的64.2%，其中，有28.2%的农村生产队实行了"包产到户"或是"包干到户"。[①] 1981年10月，中央召开了以农业生产责任制为主题的全国农村工作会议，随之颁布了《全国农村工作会议纪要》，该项纪要对"包产到户"和"包干到户"的社会主义集体经济责任制的属性给予了肯定，自此，"包产到户"和"包干到户"得到了更加快速的发展。

（二）第二阶段：1982—1986 年家庭联产承包责任制得到普遍实行

1982年"中央一号文件"指出我国农村已基本实现了农业生产责

---

① 国家统计局：《中国农村统计年鉴（1996）》，见 http：//data. cnki. net/Trade/year-book/single/N2017120283？ z = Z009。

任制的目标，这有效解决了历史遗留下来的"吃大锅饭"的难题。在农业基本责任制的改革过程中，我党始终坚持土地归集体所有，集体经济是农业生产责任制的基础，全国已有超过90%的生产队成立了包括"包产到户、到组""包干到户、到组"、联产到劳、专业承包计酬等多种形式的农业生产责任制。1983年1月，中共中央颁布《当前农村经济政策的若干问题》（1983年"中央一号文件"），该项文件鼓励发展多种经营模式，但是家庭联产承包责任制仍然是基础，因为家庭联产承包责任制的基本单位是农户或小组，可以充分发挥农民的自主权，提高农民的生产积极性，以推动农业更好发展。这进一步推动了以"包产到户""包干到户"等多种形式的家庭联产承包责任制在我国普遍建立，至1983年年底，我国已有90%以上的农户实行了家庭联产承包责任制。1984年1月，中共中央颁布《关于一九八四年农村工作的通知》（1984年"中央一号文件"），该项文件要求继续加强和完善家庭联产承包责任制，并且就生产周期的长短对农户承包土地的期限作出了相应的规定，普通农户的土地承包权应在15年以上，而对于生产周期较长的项目其土地承包期应更长。至1984年年底，全国已基本实现了家庭联产承包责任制，具体地，已有超过563万个农村生产队完成了"大包干"，占到全国农村生产队总数的99.1%；此外，全国有1.84亿农户实行家庭联产承包责任制，占全国总农户的97.9%，而其中有1.814亿农户实行"包干到户"，占全国总农户的96.5%。① 随后1985年的"中央一号文件"指出，要保持家庭联产承包责任制的模式长期不变，有些合作经济采用了合股经营、股金分红、生产资料和劳动力计价入股等多种形式的农业规模经营模式。到1986年，《关于一九八六年农村工作的部署》强调了家庭联产承包责任制的同时提出要发展"适度规模的农业专业户"。同年，中共中央颁布的《中华人民共和国土地管理法》借助于法律的名义规定了土地归集

---

① 国家统计局：《中国农村统计年鉴（1996）》，见 http：//data. cnki. net/Trade/year-book/single/N2017120283？z＝Z009。

体所有，集体或个人可以承包土地从事农业生产，家庭联产承包责任制最终在法律的意义上得到确立。邓小平同志曾指出，中国农业的发展有"两个飞跃"：一是废除人民公社，实行家庭联产承包责任制；二是适应农业生产社会化的发展趋势，实行适度规模经营，这为今后建立健全土地流转制度奠定了良好的基础。

（三）第三阶段：1987—2002 年农业规模经营进入新的发展阶段

从经济结构来看，20 世纪 80 年代中后期有两个新的特点：一是改革的重点从农村转向了城市，城市化和工业化的发展开始起步；二是农业生产力在农村改革的推动下得到提高，农村剩余劳动力的增加催生出了乡镇企业的快速发展。在这种经济形势下，大量农村剩余劳动力向非农部门转移。就此，1987 年中共中央颁布了《把农村改革引向深入》（1987 年"中央五号文件"），文件指出，中国大多数地区不具备发展农业规模经营的条件，目前需要做的是集中农业生产作业，如机耕、灌溉、植保、播种等服务，以达到农业生产的规模效益。选择京津沪、苏南地区和珠江三角洲的个别农产区作为农业适度规模经营的试点区，组织家庭农场或是合作农场等多种承包经营的模式，用以观察土地集中经营的成效。因而，北京顺义，江苏苏州、无锡、常州，广东南海成为农业适度规模经营的主要试点地区。

上述农业规模经营的形式多以土地规模经营表现出来，农业规模经营的发展离不开土地制度的变迁，1987—2003 年，在家庭联产承包责任制的基础之上，中国的土地制度大致可以分为四种模式，分别是"两田制""规模经营""'四荒'使用权拍卖""股份合作制"。

"两田制"的含义是将农户承包的土地分成两种性质的田地：一种是口粮田，另一种是责任田。顾名思义，口粮田的作用是解决农户的基本温饱问题，因此口粮田是按照农户家庭人口数进行平均分配的。与之不同的是，责任田的作用主要是用来解决就业、增加收入，因此责任田是按人、按劳或是以公开招标的形式进行分配的。口粮田与责任田的义务是不相同的，口粮田只需要缴纳农业税，而责任田在缴纳农业税、承包土地费用的同时还需要完成国家规定的生产任务。"两田制"既具有保障农户基本生存的功能还具有提高收入、解决就业的作用，因而自 20 世纪 80 年代中期开始试行后，得到了全国范围的快速发展。"两田制"的发展历程大致可以分成四个阶段：1984—1986年，东部沿海地区的农业劳动力大量向非农行业转移，使大面积土地撂荒，农业生产受限，这时政府实行"两田制"的经营方式。1986年年底，我国施行"两田制"的土地面积达到 0.175 亿公顷，占全国家庭承包经营总面积的 22.9%。1986—1990 年，即是出现"民工潮"的时期，大量农民从农村中流向城镇地区，农业发展停滞不前，这时为了激发农民的农业生产热情，中部等许多地区采用了"动账不动地"的"两田制"土地经营形式。到 1990 年年底，全国施行"两田制"的面积达 0.265 亿公顷，占全国家庭承包经营总面积的 34.7%，其中"动账不动地"的土地面积占"两田制"的 65.7%。1990—1997 年，"两田制"的发展由于有些地方以健全土地承包制的名义提高承包费而开始走下坡路，到 1994 年年底，"两田制"的总面积约为 0.323 亿公顷，直到 1997 年，"两田制"的面积未曾扩大，且"动账不动地"的承包面积已经下降到占"两田制"的 31.5%。1997—1999 年，"两田制"的面积仍然在下降。纵览"两田制"的发展过程，我们可以看到，起初"两田制"的成效是很大的，从农户的切身利益来看，它既保障了农户的基本生存条件，又增加了农户的收入；从社区层面来看，责任田的承包费既降低了农户的"谈判"费，又可以提高上级的工作效率；从政府层面来看，"两田制"既坚持了家庭经营的基本原则，又实现了集中土地经营的目标，可谓是平衡了效率与公平，总而言之，"两田制"的发展不管是对微观农户还是宏观经济而言都是有利的。然而，在"两田制"发展的后期，其原本的发展初衷发生了改变，具体表现在社区领导人掌握了更多的资源和权力后不断提高责任田的承包费，并强制推行"两田制"的实施。据农业部统计，全国 23 个实行"两田制"的省份中，实行"两田制"的承包土地面积为 0.311 亿公顷，占全国总土地面积的 40.7%，而 83.5% 的社区都是因为政府的强制手段才得以实行"两田制"的，仅有 16.5% 的社区是条件成熟且农户自愿才实行的"两田制"。因此，政府也明确表示改变强行实施"两田制"的态度，1998 年，实行"两田制"的承包土地面积占全国总土地面积的 30%，同比减少了 10%，而 1999 年更是下降到不足 10%。①

规模经营指为了提高土地产出率和农业劳动生产率，以农户、大户或集体作为农业经营主体，将土地进行集中经营而达到的土地规模经营。这一时期土地规模经营的类型大约有三种，分别是集体农场，如北京顺义的土地规模经营试点；家庭农场，如江苏苏南和广东南海等地实行的土地规模经营模式；"反租倒包"的方式进行土地使用权流转，如东部沿海地区的土地规模经营模式。然而，这一时期土地流转的市场机制尚不完善，因此集体农场和家庭农场是土地规模经营的主要表现形式，具体表现为村办集体农场、专业大户对集中的土地进行承包，并结合社会化服务的辅助功能进行经营。据统计，1993 年，集体农场占到规模经营总面积的 62.8%，农业劳动力平均经营耕地 9.73 公顷；专业大户承包的土地占规模经营总面积的 28.8%，劳动力平均经营的耕地面积达 2.447 公顷；家庭农场占规模经营总面积的 8.4%，劳动力平均经营的耕地面积达 0.593 公顷。从数据中可以看出，这一时期集体农场是土地规模经营的主要形式。与顺义集体农场不同的是，江苏苏南与广东南海等地区的土地规模主要实行家庭经营，可细分为家庭农场、"两田制"和农业车间。据农业部统计，1944 年，全国农业规模经营的土地面积总计 605.63 万公顷，占全国总耕地面积的 6.5%。其中，东部地区有 30.1% 的耕地面积实现了规模经营，中部为 37.6%，西部为 32.3%。而相比之下，1999 年，全国实行农业规模经营的耕地仅占总耕地面积的 2.6%，实行规模经营的耕地中集体经营的面积仅占 8%。然而，这一时期实行的集体土地规模经营存在

---

① 张红宇、刘玫、王晖：《农村土地使用制度变迁：阶段性、多样性与政策调整》，《农业经济问题》2002 年第 2 期。

很多问题，一方面，用社区的补贴来维持规模经营，无疑提高了规模经营的成本，而且在集体农场的内部，依然存在分配不公等管理方面的相关问题；另一方面，社区实行集体经营后社区成员土地的使用权与土地集中过程中的各方利益产生了冲突。

"四荒"使用权拍卖指不改变"四荒"的所有权属性，对其使用权进行拍卖，购买者有权对"四荒"进行管理并获益，土地的使用期限通常可达50—100年，在此期间，购买者可将"四荒"的使用权进行转让、入股、出租和抵押，这里的"四荒"包含荒山、荒坡、荒沙和荒水，当然"四荒"只是一个统称的概念，也可以将荒沟、荒滩等计算入内，称其为"五荒""六荒"等。"四荒"使用权拍卖与家庭联产承包责任制在本质上具有相似之处。在保证其所有权不变的前提下，农民可以通过拍卖获得"四荒"的长期使用权，让农民拥有权属感，有助于农民更好地投入生产。20世纪90年代初，"四荒"使用权拍卖一度成为规模经营的有效模式，在全国发达地区普遍盛行。据农业部统计，1994年年底，全国有16个省分实行了"四荒"使用权拍卖的规模经营模式，共计86.67万公顷。如山西吕梁共拍卖了31.33万公顷的"四荒"使用权地，山东省拍卖了10万公顷，除此之外，陕西、黑龙江、内蒙古、福建等地的"四荒"使用权拍卖也在快速发展。"四荒"使用权拍卖的特点有两个，第一个特点表现在购荒的形式上，这种方式打破了行政区划、所有制、短期承包等界限。对于购买的形式大致可分为四种，分别是单独购买、联合购买、集体治理但分户购买以及企事业单位购买，其中，独户购买占绝大多数。第二个特点表现在拍卖形式上，可采用多种形式进行拍卖，如竞标拍卖、招标拍卖及协商拍卖等。首先，"四荒"使用权拍卖的效果还是比较显著的，最直接的就是给予农户长期的使用权，并且，"四荒"的产权界定也是相对清晰的，这大大增加了农户对"四荒"生产的积极性，也避免了一些短视的生产行为；其次，"四荒"使用权拍卖虽然并未体现在耕地上，但这是一种制度性的突破，不少地方就将"四荒"使用权拍卖的经验运用到农地当中，这为后面的农地规模经营奠定了基础。

股份合作制指将土地用股份的形式进行度量，并让农民持有，然后社区对土地进行统一经营和管理的一种经营模式。股份合作制于20世纪80年代产生，最先出现在广东的珠江三角洲地区，随后又在江浙一带发展。然而由于制度的约束性，至今为止土地股份合作制的发展仍非常有限。土地股份合作制的具体实施规则有以下几点：（1）土地折股。土地折股通常有两种途径：一是按当时的土地价格或是土地的年纯收入等因素进行折价；二是在不考虑价格因素的前提下对土地的实物情况进行折股。（2）设置股权。按结构划分股权可分为集体股和个人股，依字面意思即可理解集体股指对社区的集体土地等农业资产折价进而入股，个人股指社区个体持有的股份数额。这里需要说明的是，个人股在确认时基于三个基本原则，分别是土地股、基础股和贡献股，土地股是依照农民原来承包的土地进行计价入股的，而基础股是依照农民原有的生产资料等资产进行计价入股的，而贡献股则是依照农民对社区生产的贡献度大小来计价入股的。（3）产权界定。当农民以股份持有土地后，他们将不再具有土地的使用权，也不可以买卖、转让和继承，他们只能得到土地盈利后的分红，土地的使用权将归社区集体所有。（4）分配方式。股份合作制在分配红利时将结合按劳分配与按股分配的原则，按劳分配即是依照农民在社区生产中的劳动付出，按股分配则是依照农民持有的股份进行分红。（5）组织管理。土地股份合作制采用股东大会、董事会和监事会的管理体制，股东代表大会行使土地股份合作制的最高权力，农民作为股东进行投票表决。董事会由股东代表大会产生，是土地股份合作制中的领导阶层。监事会具体承担监督管理的工作。

这一时期广东的珠江三角洲等经济发达地区出现了一些农业经营层面的矛盾。首先，广东的珠三角地区的第二、三产业发展迅速，大量的农民从第一产业转向了第二、三产业，然而，对于大多数农民而言，土地是立身之本，即使他们从农业中转移出来了但仍然不愿意放弃农村中的土地，致使农村中的土地撂荒现象非常严重。其次，随着城镇化的发展，农村中的土地价格也水涨船高，如何协调被征地农户与集体的利益十分关键。最后，如何促进土地流转市场机制的完善，以集中土地形成适度规模经营是难题。对于此，广东省南海市率先实行了三种模式的土地股份合作制，分别是社区全部财产的股份化、土地股份化和土地集中统一经营，其主要目的是将土地集中起来，利用股份合作组织进行规模经营。截至 1995 年年底，已有 1574 个股份合作制组织在南海区成立，占全市总经济合作社的 96%，此外，对 3.6 万公顷的土地进行评估后发现，土地折股金额高达 130 亿元，平均分配给 76.6 万社员，人均持股 1.5 万元。广东南海区的土地股份合作制度的创新突破在珠江三角洲等经济发达地区迅速发展，这些地区在原先合作组织的基础上，将集体的土地等资产进行折股配置到合作组织内部，由社员持有，即将原先的合作社进行制度创新，引入股份合作制，融合多种生产要素后扩大生产规模，发展具有合作制与股份制双重属性的创新型经济组织。然而这一时期的土地股份合作制仍有不足之处，最大的问题在于限制了个人股权的转让、抵押和继承，土地要素市场相对封闭，不利于土地要素市场经济的长久发展。

（四）第四阶段：2003 年至今农业规模经营发生了巨大的变化

2001 年中国加入世界贸易组织以来对我国农业生产带来了很大影响，加上 2006 年农业税的取消进一步促进了我国农业生产方式的转型升级。尤其是农业税的取消，使很多本来从农业生产中转移出来的农民又重新回到对土地权利的竞争中，而之前的种田能手则成为带头人成立农民合作经济组织，另有一部分农业企业则把握住机会，在具有大量闲置耕地的传统农产区、沿海等经济发达地区的近郊地区，与农户个体签订土地流转合同，或由村集体出面承包大面积的耕地。因此，逐步形成了家庭农场、种粮大户、合作组织、专业合作社与农业园区为主要形式的农业规模经营，这几种农业规模经营的模式至今仍在实践之中。

2000 年以来，我国对土地流转无论从法律法规上还是政策文件中都给予了最大的规范与调整。20 世纪 30 年代的土地流转是政策上放

开但法律上不允许，到了 90 年代是政策上规范且法律上允许，而
2000 年以来则是从法律与政策上同时对土地流转进行了规范。2003 年
中央实行了《农村土地承包法》，2007 年《物权法》的颁布与实施象
征着从法律层面上讲农村土地经营权流转得到了全方位的规范与支持。
2008 年，党的十七届三中全会提出《中共中央关于推进农村改革发展
若干重大问题的决定》，表明在坚持原有的农村基本经济制度的前提
下，强化农户合作与集中经营。2013 年"中央一号文件"提出，在稳
定农村土地承包权、容许土地经营权有序流转的同时，推动农业适度
规模经营形式的多样化发展，如农业专业大户、家庭农场及农民合作
社等。2014 年"中央一号文件"强调发展多种形式的农业适度规模经
营与健全农业社会化服务体系同步进行。2015 年"中央一号文件"继
续对农业适度规模经营提出具体要求。2016 年"中央一号文件"重点
提出农村土地的"三权分置"政策，即坚持土地所有权归集体所有，
稳定农民土地承包权，引导土地经营权的有序流转。2017 年"中央一
号文件"提出以培育新型农业经营主体为核心，重点发展土地流转型
与服务带动型农业适度规模经营。2018 年"中央一号文件"提出深化
土地制度改革的同时，将小农户有机衔接到现代农业的发展中，发展
多元化的农业专业组织，促进农业社会化服务体系的发展。2019 年
"中央一号文件"指出须深化农村土地改革，健全农村土地流转市场，
发展多种形式的农业适度规模经营。

第二节　中国农业服务带动型适度规模经营的发展历程

相似地，我国农业适度规模经营的发展历程同样可以划分为改革
开放前 30 年与改革开放后 40 年两个大的发展阶段。

一、1949—1977 年中国农业服务带动型适度规模经营的发展历程

改革开放前 30 年是我国农业服务业发展的萌芽阶段。1949 年新

中国成立，1952年土地改革结束，紧接着1953年我国进入第一个五年计划时期，而这一时期国家的经济目标主要是发展重工业，同时提高农业生产水平。工业化的发展离不开农业的大力支持，农业集体化应运而生，在此期间，农户互助、供销社及信用社等农业服务组织得到快速发展。

农户互助在中国由来已久，具有历史悠久的文化传统，有效解决了当时中国小农经济与市场融合的困难，是完备农业社会化服务的有效方式、推动农业社会化服务发展的重要途径。中国是一个传统的小农经济国家，由于受到人均耕地面积少的限制，农业一直处于小规模经营状态，加之当时农业生产力水平低下，致使由农户互助衍生出了邻里互助与宗族互助两种类型。对于邻里互助，由于乡土社会是传统中国的一个典型特征，因此人们基于血缘和亲疏等关系去组合社区。小农经济自给自足的特性使农民几乎不用与外部进行市场交易，而仅是在这个社区内部进行资源交换与整合。小农生产为了降低农业生产成本、提高农业收益，通常采用几户共用耕畜、劳动力等农业资本进行生产，研究者将其归纳为生产工具互助型、劳动力互助型及社会共耕互助型三类具体的互助方式。对于宗族互助，在小农经济的传统社会里，农村内部基本由非正式组织替代正式的管理组织，在这种情况下，以血缘和地缘构成的宗族组织便成为农村主要的管理机构，在农村农业生产互助中扮演了重要角色。总而言之，中国传统的农户互助具有高度信任性、小规模范围、临时性和欠稳定性等特点。

1949年年初，专门服务于农民合作的商业组织供销合作社在华北地区率先成立。供销合作社是专门服务于农民的商业组织，代表了农民群众的利益，主要帮助农民在市场中购买货真价实的农业中间投入品与合理出售农产品。与此同时，供销社还可以与国营经济建立良好的关系，在交易过程中受到国营商业的支持。供销社为农民的农业生产提供了大量的服务，1950年春耕时节，华北地区供销合作社向农民提供了3600万斤种子、1.63亿斤化肥、130万件农具，为当年的农业生产作出了巨大贡献。1952年，供销社收购农副产品总计38.8亿元，占全社会收购农副产品总额的 27.6%。供销社在 1953 年到 1955 年间得到了迅速发展，服务业务不断扩大并逐步得到了完善，此外，供销社还担负起了在全国范围内收购农产品的责任，其目标是全力打造成一个为农民服务的商业组织机构。截至 1957 年年底，全国共有供销社 29.1 万个，从业人员达 168 万人，销售总额达 6 亿元。[①]

信用社是早期的农民金融组织，与供销社不同的是信用社并没有形成全国范围的体系，而是仅具有基层社。农村信用社的作用是将农民手中的闲散资金集中起来，一方面保证农民在投入农业生产时有足够的资金，另一方面减少农村中高利贷的现象。1956 年年底，全国信用社达 10.3 万个，有近 1 亿农民入社，贷款总额达 10 亿元，信用社的产生大大支持了农业发展，为农民提供了农业生产投入所需的资金，同时避免了高利贷在农村中泛滥。[②] 此后，农技服务站在全国大范围展开，各项农业服务组织也逐步完善，这一时期是农业社会化服务的萌芽期，为今后的农业社会化服务奠定了良好的基础。

二、1978 年至今中国农业服务带动型适度规模经营的发展历程

农业社会化服务的本质就是将农业生产环节发生的中间服务外包给专业组织去完成，也可称之为农业生产性服务业。接下来根据农业社会化服务的发展模式等综合因素将改革开放后 40 年的发展历程划分为四个阶段进行分析，分别是农业社会化服务的初级阶段、计划发展阶段、市场化形成阶段和市场化迅速发展阶段。

---

① 王贵宸：《中国农村经济改革新论》，中国社会科学出版社 1998 年版，第 35—45 页。

② 王贵宸：《中国农村经济改革新论》，中国社会科学出版社 1998 年版，第 50—54 页。

（一）第一阶段：1978—1995 年农业社会化服务的初级阶段

1978 年，党的十一届三中全会确定了家庭联产承包责任制的基础性地位，人民公社等集体农业生产主体逐步消失，以农户为经营主体的农业生产模式开始占据主导地位。农户在得到足够的农业生产自主权后，生产的积极性大幅度提高，农业生产效率也因此得到快速上升。但是当时农业机械化水平并不高，通常的农机设备对小农户的生产模式也是适用的，农户在生产过程中大多凭借经验积累作为生产技术的基础，外部技术溢出在农业生产过程中也并不存在，因而，当时的农业生产基本不存在生产服务外包的需求，但当时的这种小规模农户作为经营主体的模式为未来农业社会化服务的发展奠定了基础。

改革开放推动了经济的快速发展，从 1978 年到 1995 年，中国的 GDP 在 10 年内以年均 10% 的速度上升。[①] 我国工业化在这一时期得到了快速发展，城市二元结构逐渐形成，城乡收入差距进一步扩大，加之城市化的发展，大量农民从农业生产中转移出来流向城市的第二、三产业。农忙时节务农、农闲时节进城务工的交替作业方式被广大农民采用，农业生产也逐步形成了兼业经营的模式。随着农业生产技术的提高，大型农业联合收割机等农业机械的产生大大降低了农民在务农与务工之间交替的机会成本，他们可以选择购买机械化的农机服务，以减轻人力输出，农户之间也出现了帮工与换工的现象，形成了农业社会化服务的初级阶段。

（二）第二阶段：1996—1999 年农业社会化服务的计划发展阶段

1996—1999 年，农业社会化服务的发展得到了政策的支持并取得

---

① 国家统计局：《中国农村统计年鉴（1997）》，见 http://tongji. cnki. net/kns55/Navi/YearBook. aspx? id = N2005120241&floor = 1。

了巨大突破。1996 年，农业联合与跨区作业模式在农业部等六部门的联合支持下形成了，更为具体地，政府部门发放《联合收割机跨区作业证》进行监督作业，并为农业跨区作业提供农机维修等相应的服务需求，彻底改变了联合跨区作业之前小规模、不正规和信息不对称的局面。1995 年，全国可以提供联合跨区作业的大型收割机为 8000 余台，而 1999 年就达到了 8.9 万余台，全国有 66.6% 的小麦采用了联合收割机进行作业，小麦播种环节进行服务外包的比例接近 70%。[①] 这一时段，政府扮演了农业服务外包的主动给予者角色，而农户则扮演了被动接受者的角色，政府为农机联合跨区作业搭建了信息平台、构建了各种辅助设施，此时的联合跨区作业已不再局限于小麦的收割作业，而是进一步扩展到了水稻和玉米的联合跨区收割作业，而农户则可以享受较低的服务外包价格与充足的服务外包供给。农业社会化服务形成了类似于计划经济下的"统一指导与分配"模式，这一阶段农业社会化服务得到了快速发展。

（三）第三阶段：2000—2005 年农业社会化服务的市场化形成阶段

2000—2005 年，农业社会化服务逐步走向以市场为导向的市场化阶段。2000 年，农业部实行了《联合收割机跨区作业管理暂行办法》，使农机联合跨区作业的实施更加规范，提高了跨区作业的质量与效率，同时，联合跨区作业由先前的政府管理进一步向农机合作社等合作组织共同管理转变，政府主要担负监督职能，这一时期 90% 以上的小麦主产区购买了收割外包的服务，由市场主导的农业社会化服务快速发展。

2001 年中国加入世界贸易组织后，我国的农产品逐渐参与到国际竞争市场中，在激烈的竞争中，如何提高农业收入是农民最为关注的问题。仅是资本对劳动要素的替代已经无法满足农户的需求，新品种的培育、灌溉节水技术的更新、农药驱虫技术的先进成果引起了农民

---

① 资料来源：《中国农村统计年鉴》（1996—2000）。

的重视，农民更愿意将农业生产其他环节的技术服务也外包给具有专业技术水平的机构，以提高农产品的品质与数量，增强国际竞争力。

（四）第四阶段：2006 年至今农业社会化服务的市场化迅速发展阶段

2005 年，农业税的取消让更多的农户拥有参与农业社会化服务市场化发展的积极性，小麦联合收割机在 2006 年时约为 39.2 万台，是 1995 年的 49 倍，农业资本密集环节的服务外包已经得到了快速发展，然而，技术密集型的服务外包仍然处于初步的发展阶段。随着城镇化的快速发展，大量农民向城镇地区转移，农户兼业的机会成本与交易成本也进一步加大，因而"土地托管"应运而生，"土地托管"即指将全部农业生产环节的服务进行外包。2014 年，国家在河北、山东、浙江和广东四省设立了供销合作社的试点，供销社主要为农户提供"保姆式"和"菜单式"的农业生产性外包服务，也可根据生产环节的不同提供各种形式的外包服务。在这个过程中，农户依然拥有土地的承包权和经营权，他们仅是将经营的土地托管给相应的农业社会化服务机构，并支付一定的托管费用。按组织方式的不同，大致可分为订单托管、劳务托管和全程托管。① 更为深入地，订单托管指农户仅将农业生产的某一个环节或项目委托给农业生产性服务组织；劳务托管指农户仅出具费用购买种子、化肥等农资产品，而具体需要劳动力生产的过程则由农业服务组织负责；而全程托管指农户将农业生产的全部环节都委托给农业生产性服务组织，自己仅获得农产品最后销售所剩盈利。在农户与农业生产性服务组织的相互选择过程中，以市场为主导的农业社会化服务业迅速发展。

第三节　中国农业适度规模经营的发展现状

土地、劳动力和资本是农业生产过程中的三大基本投入要素，实

---

① 华律网：《什么是土地托管，土地托管的几种模式》，见 http：//www.66law.cn/laws/298206.aspx。

现农业适度规模经营是多要素共同作用的结果。中国各地区的经济、地理和人文环境等差异很大，实现农业适度规模经营的方式也存在差异；但从本质上来讲，其实现途径可归为两大类，即土地集中与服务集中，前者主要依靠土地流转，后者主要通过服务外包等具体方式进行推动。2017年"中央一号文件"明确提出农业适度规模经营的两种主要模式是土地流转型和服务带动型农业适度规模经营，因此，本书也将土地流转型与服务带动型的规模经营作为我国农业适度规模经营的主要研究类型，下面将具体分析这两类农业适度规模经营的发展现状。

一、土地流转型与服务带动型农业适度规模经营的具体形式

土地流转型与服务带动型农业适度规模经营之间并没有严格的分界线，两者之间可以呈现一种相辅相成的关系（见图2-1）。当农业经营主体通过土地流转扩大土地经营规模后，可通过购买农业服务进一步稳定和促进规模化的经营。对于农业社会化服务，尤其是农业机械化作业，集中土地更有利于产生规模效益。不能排除的是有些农业社会化服务是不需要土地集中经营的，如购买农资、农产品运输储藏等服务，但这也仅是农业服务业项目中的少数类型。

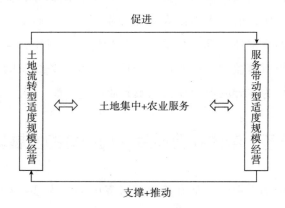

图2-1　中国农业适度规模经营的实现图

从以上分析可以看出，土地流转型的适度规模经营与服务带动型

的适度规模经营之间没有清楚的分界线，但为了研究的便利，本书将普通农户作为农业经营主体进行研究，即在通常采用的家庭承包经营制的农业经营体制下进行研究。就农户而言有两种方式实现农业适度规模经营：一是参与土地流转扩大实际经营的土地面积，二是在不参与土地流转的情况下通过购买农业生产环节所需要的各项服务，实现统一服务的农业适度规模经营，具体的农业适度规模经营形式如图2-2所示。然而，在实践中，除了图中所示的几种形式外，还有更多的新型创新方式，如小块并大块模式、"股份合作社+职业经理人+农业社会化服务"模式、土地银行和土地信托等形式（孔祥智和穆娜娜，2018）。

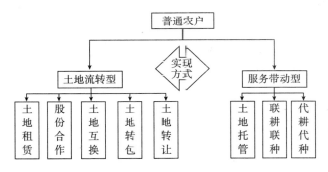

图2-2　中国农业适度规模经营的具体实现方式

二、土地流转型与服务带动型农业适度规模经营不同形式间的比较

如何处理土地经营权的方式是区别土地流转型和服务带动型农业适度规模经营的核心。目前发展迅速的几种农业适度规模经营的形式包括通过农户土地流转形成的土地租赁和股份合作，以及在农业服务带动下形成的土地托管和联耕联种，接下来本节将以这几种农业适度规模经营的形式作为代表进一步进行分析。在土地租赁中，家庭农场、农业大户或合作社等成规模的农业经营主体完全获得普通小农户的土地经营权；在股份合作中，以地价、产值等标准将土地经营权划分成具体的股权数量，小农户按照持有的土地经营权交换相应的股权入股。

与土地流转型适度规模经营不同的是，土地托管和联耕联种的服务带动型适度规模经营并不会变更土地经营权，也就是说普通农户仍然拥有土地经营权（见表2－2）。

表2－2　农业适度规模经营不同形式间的比较

	土地流转型		服务带动型	
	土地租赁	股份合作	土地托管	联耕联种
土地经营权	转移	股权化	不变	不变
风险分担	转入土地的主体独自承担	转入土地的主体和普通农户共同承担	服务主体与普通农户共同承担	服务主体与普通农户共同承担
利益分配	转出土地的农户单一租金收入；转入土地的主体享有农业经营收入	普通农户按股分红或保底分红；转入土地的主体获得分红之后的农业经营收入	普通农户交纳服务费，享有全部、部分农业经营收入；服务主体赚取服务费，或分享部分农业经营收入	普通农户交付服务费，享有全部农业经营收入；服务主体赚取服务费

事实上，土地流转型和服务带动型两种适度规模经营模式的本质区别体现在风险分担机制和利益分配机制上，而土地经营权的差异仅是致使风险分担机制和利益分配机制不同的一个重要因素。如表2－2所示，土地流转型适度规模经营的风险因素比较集中，而服务带动型适度规模经营的风险因素相对较分散。在土地租赁中，普通农户将土地的经营权租赁给规模经营主体后，农户就已经退出农业的生产经营活动，农业经营过程中发生的所有风险都将由规模经营主体承担；在股份合作中，由于农户将土地的经营权以股权的方式持有，而农户最终享有的利益与股权多少及农业收益有关，因此农户也要分担农业经营过程中发生的影响最终收益的各类风险。同样地，在土地托管和联耕联种中，农户也是同规模经营主体一起承担农业经营过程中的各类风险。然而，在服务带动型适度规模经营中，提供服务的规模经营主体主要承担了农业生产过程中的经营类和市场类风险，比如农产品的销路和价格等。农业生产过程中的自然风险则主要由农户承担，比如农产品的产量。根据服务类型的不同，经营过程中发生的经营类、市

场类和财务类的部分风险也会由农户承担。需要特别说明的是，与其他三种经营形式不同，在土地租赁中规模经营主体需要支付较大数额的租赁费用，因此需要面临的财务风险较高。赵佳、姜长云（2013）对安徽的农业规模经营进行调研后发现，无论对股份合作规模经营主体还是农户而言，与土地租赁相比，土地入股和土地托管更有利于分散风险。

农业经营的利益分配方式也会随农业规模经营形式的不同而不同。如表2-2所示，在土地租赁中，农业的经营收入仅仅影响租入土地经营权的一方，即规模经营主体，无论农业经营收入如何，普通农户都将获得固定的土地租金收入。与此不同的是，在股份合作中，农业的经营收入对持有土地经营权的规模经营主体和普通农户的利益均会产生影响，普通农户得到的股份分红收入很大程度上会受到当年农业经营收入的影响。与土地流转型农业适度规模经营不同的是，服务带动型农业适度规模经营的经营收入一般由普通农户获得，提供农业社会化服务的经营主体仅仅从中获取相应的服务中间费用。当然，在实践中，为了分散风险，同时保障普通农户与服务主体的权益，具体的利益分配方式也可以是多样化的。例如，在土地托管中，有些合同中会显示当农业产量高于规模的最低产量时，超过的部分由农户和服务主体按比例分成，而如果低于最低产量，则受到的经济损失也由双方共同负责。这里仅是说明了最简单的利益分配情况，在实践中利益分配与风险因素是密不可分的，两者会互相影响。

三、中国当前农业适度规模经营面临的主要问题

当前，以土地流转型适度规模经营和服务带动型适度规模经营为主要形式的农业适度规模经营得到了很大的发展；然而，在实践中，我国农业适度规模经营的发展仍然存在一些问题阻碍其发展。

第一，当前中国土地经营规模过小的问题并没有因为土地流转而改变。20世纪90年代末，我国仅有1%的土地发生了流转，进入2000年以后，我国农民工外出务工的速度不断上升，如表2-3所示，从

2008 年的 14042 万人上升到 2016 年的 16934 万人，而在 2013 年之前年均增长速度都在 1% 以上，农民工外出务工的增长对于加快土地流转呈正向作用。此外，中央政策的支持也对加快土地流转起到了重要作用，2007 年，中央颁布的《物权法》将土地的经营权定义为用益物权；紧接着，2008 年，党的十七届三中全会明确提出要长期稳定并保障农户对土地的承包权，这进一步提高了农户对土地经营权流转的积极性，加速了土地流转的发展进程。如表 2－4 所示，2008 年年底，农户家庭经营的土地总面积中流转土地的面积占比只有 8.9%，到 2016 年年底，这一比例上升到 35.1%，农户流转的土地总面积接近 4.71 亿亩。虽然我国土地流转的发展很快，但是整体上的土地规模化经营的程度依然不高。如表 2－5 所示，2015 年家庭经营土地面积在 10 亩以下的农户仍占全国总农户的 79.6%，而经营 30 亩以上的农户仅占到全国总农户的 3.9%。从表 2－4 中可以看出，从 2015 年开始，我国土地流转的增速开始下降，从 2014 年的 4.4% 下降到 2015 年的 2.9%，2016 年更是降到了 1.8%。表 2－6 中显示了我国 1996—2015 年的农户经营土地规模变化情况，从表中可以看出，我国土地经营面积在 10 亩以下的农户占比在增加，这可以解读为更多的农户将自己的土地经营权流转出去，从而进行农业兼业生产，然而 10—30 亩这个区间的农户经营比例处于下降趋势，30—50 亩农户经营的比例虽有上升，但是幅度很小，经营 50 亩以上的农户占比处于先下降后上升的趋势，但总体而言，我国经营 30 亩以上的农户占比还是非常小的，其比例不足 5%。这些数据说明了农户的小规模经营状态在未来很长一段时间内都会持续下去。

表 2－3　2008—2018 年我国农民工外出务工的情况

年份	2008	2009	2010	2011	2012	2013	2014	2015	2016	2017	2018
外出农民工数量（万人）	14042	14533	15341	15863	16336	16610	16821	16884	16934	17185	17266
比上年增长（%）	—	3.5	5.6	3.4	3.0	1.7	1.3	0.4	0.3	1.5	0.5

资料来源：国家统计局发布的《农民工监测调查报告》。

表 2 - 4　2007—2016 年中国土地流转的基本情况

年份	2007	2008	2009	2010	2012	2013	2014	2015	2016
流转面积（亿亩）	0.64	1.09	1.52	1.87	2.70	3.40	4.03	4.47	4.71
占家庭经营总面积的比重（%）	5.2	8.9	12.0	14.7	21.5	26.0	30.4	33.3	35.1
比上年提高的百分点（%）	0.7	3.7	3.1	2.7	4.3	4.5	4.4	2.9	1.8

资料来源：魏后凯、刘同山：《论中国农村全面转型——挑战及应对》，《政治经济学评论》2017 年第 5 期。

表 2 - 5　2015 年中国农户在不同土地规模经营中的数量和占比

指标	数量（万户）	占比（%）
全国总农户	26744.3	100.0
未种地农户	1656.6	6.2
土地经营面积在 10 亩以下的农户	21275.1	79.6
土地经营面积在［10，30）亩的农户	2760.6	10.3
土地经营面积在［30，50）亩的农户	695.4	2.6
土地经营面积在［50，100）亩的农户	242.3	0.9
土地经营面积在［100，200）亩的农户	79.8	0.3
土地经营面积在 200 亩以上的农户	34.5	0.1

资料来源：《中国农村经营管理统计年报（2015）》。

表 2 - 6　1996—2015 年农户经营土地规模的变化情况

经营规模	1996 年农户比重（%）	2011 年农户比重（%）	2015 年农户比重（%）
土地经营面积在 10 亩以下的农户	76.0	86.0	85.7
土地经营面积在［10，30）亩的农户	20.2	10.7	10.3
土地经营面积在［30，50）亩的农户	2.3	2.3	2.6
土地经营面积在 50 亩以上的农户	1.5	1.0	1.3

资料来源：分别来自 1996 年全国农村固定观察点农户调查数据、2011 年和 2015 年《全国农村经营管理资料》。

第二，获得土地流转的规模经营主体面临很高的农业生产和经营风险。农业生产以自然风险和市场类风险为主，相对于小规模农业经营主体，大规模农业经营主体面临的各类风险都会高一些。如自然风险，一旦发生就不可抗拒，规模经营主体最后只能承担农业风险带来的经营亏损。我国当前农业保险可赔付的范围很小，基本无法解决农业规模经营主体由于农业风险带来的损失问题。例如，孔祥智和穆娜娜（2018）实地调研发现，山东泰安市的一位玉米种植大户，2015 年的时候由于自然灾害的影响，亩产减少了 300 斤，而农业保险对于绝收的情况每亩也仅赔付 300 余元，因此这位玉米种植大户最后仅获得了 2000 余元的保险赔偿，而这种农业保险的低赔付率现象是普遍存在的。此外，市场类风险带来的损失也是不容小觑的，农业规模经营主体的收益在很大程度上会受到农产品、农资和地租等价格波动的影响，近年来，政府将很多大宗农产品价格交给市场来定价，农业规模经营主体面临的收益不确定性风险进一步增大。

第三，以土地租赁为主的土地流转型规模经营同样存在很大的经济风险。很多经营大户在转入大规模的土地后，由于经营不善等众多因素，导致经营的上百亩甚至上千亩的土地亏损，自己又无法承担如此巨额的损失，最终引发很多社会问题。根据孔祥智和穆娜娜（2018）在多地的调研发现，因为土地租赁导致大规模亏损的现象时有发生。例如，2016 年，重庆梁平县的某种植大户，以每亩约 720 元的价格转入 1000 多亩土地扩大生产规模，然而由于经营不善等多方面原因，他两年都未交付土地转入的租赁费用，最后选择逃跑的方式来逃避责任，引起了大量农户的集体上访事件；2015 年，吉林的农业机械化专业合作社以每亩 320 元土地租赁价格转入了约 6000 亩土地，一年下来土地租赁费用总计 192 万元，但这一年该合作社亏损了 170 多万元；2014 年，山东临沭县某粮食种植大户，以每亩 700 元的土地租赁价格转入了 300 亩土地，一年的土地租赁费达 21 万元，最终亏损 4.5 万元。土地租赁费用过高是导致转入土地扩大农业经营规模后农业经营主体收益下降的主要因素。从 2013 年到 2016 年，重庆土地租赁价格从每亩 680 元上涨到 720 元，而部分平原地区的土地流转价格已经上升到每亩 700—800 元了，有的地区每亩甚至超过了 1000 元（赵鲲和刘磊，2016）。2015 年，山东、河北和安徽三个省份每亩的土地流转价格平均分别为 708 元、668 元和 570 元；2016 年，陕西和吉林的土地流转价格则为每亩 643 元和 811 元（孔祥智和穆娜娜，2018）。

第四，农业合作社发展高度虚化。我国农业专业合作社新增数量在十年间极速上涨，然而真正意义上所有者和惠顾者相统一的农业合作社数量却非常少（邓衡山等，2016）。钟真（2018）参与的调研组分别选择了河北、山东、安徽、陕西和吉林五省中各 3 个县进行调研，总共调研了 15 个县 481 家农业经营主体，其中普通农户、家庭农场或专业大户、农业合作社和农业企业分别占样本总量的 23%、35%、33% 和 9%，结果发现，农业合作社目前有两种现象非常普遍：一是农业合作社名存实亡，也就是说农业合作社并没有真正在市场上发挥出经济组织的基本作用，在所有农业合作社的样本中，近三年里，有52.8% 的农业合作社并没有为合作社社员提供任何农业社会化服务，有 46.8% 的农业合作社没有组织过社员召开代表大会，有 35.6% 的农业合作社没有发生任何农业社会化服务的经营活动，已然成为"僵尸合作社"。二是农业合作社的经营内容发生了变化，即农业合作社的内部和外部结构已经表现不出来合作社的特征了。具体表现在，43.1% 的农业合作社在具体经营时表现为家庭经营的形式，23.1% 的农业合作社在经营时却表现出了企业经营的性质，还有约 5% 的农业合作社表现出混合经营的特点。在合作社的样本中，仅有 22% 的合作社在经营模式、收益分配等方面比较接近合作社的本质要求。

第五，农业企业的经营内容涉及农业直接生产活动的比较少。由于受当前经济形势发展下行、农产品价格市场化发展等多种因素的影响，农业企业大都不再经营农业生产的一线业务，钟真（2018）研究发现，在农业企业的调研样本中，有 40% 的农业企业从事粮食、农业经济作物或畜牧业的生产活动，45% 的农业企业从事农业观光、旅游、餐饮等经营活动，15% 的农业企业从事房地产开发、工程建设等经营活动。在从事农业粮食、农业经济作物或畜牧业的农业企业中，仅有35% 的农业企业直接从事农业种植、养殖等生产活动，20% 的农业企业从事农机与农资服务业务，45% 的农业企业从事农产品加工、运输和销售等活动。

从以上的分析可以看出,当前我国农业适度规模经营的发展仍然具有很多有待解决的问题。总结起来大致存在以下几个方面的问题:一是普通农户的家庭经营规模过小;二是有些专业大户或家庭农场、农业合作社等通过土地流转的方式使经营规模过大,致使农业风险、经济风险已经超过了自己可以承受的范围;三是农业合作社、农业社会化服务组织的规范性较差,经济组织的发展并未得到很好的监督与管理。

小　结

通过对中国农业适度规模经营发展历程及现状的梳理可以看出,自1949年新中国成立以后,中央对农业规模经营的问题就已经开始思考并探索,"土地改革"让农民获得了土地的所有权和经营权,中国农业转变成了以农户为经营主体的小规模经营模式;接下来"合作社"和"人民公社"让农民走向了互助合作和公社化农业经营的道路。然而,20多年的农业发展证明了"合作社"和"人民公社"并不适合农业的现代化发展,也无法提高农业生产效率。自20世纪70年代末,为了找寻最适合当时农业发展的经营形式,中央先后实行了包产到户、包干到组、联产计酬、联产承包和分户承包等多种形式的农业经营体制,直到中央实行"土地归集体所有,承包权和经营权落实到农户家庭"的家庭联产承包责任制之后,大大提高了农民的生产热情,农业规模经营才进入了新的发展时期。随着工业化、城市化的快速发展,单纯的家庭联产承包责任制也显现出来一些问题,农民在联产承包责任制的激励下提高了生产热情,但是由于经营规模过小等弊端使农业生产效率的提高受到限制。此后,在家庭联产承包责任制的基础上,"两田制""规模经营""'四荒'使用权拍卖""股份合作制"的发展由于各自存在的问题,始终没有彻底解决农业规模经营存在的根本问题。然而,中国是一个农业大国,农村人口占比仍然很大,

2018 年，中国农村常住人口达 56401 万人，农民收入、农业发展在中国经济的整体发展中具有重要地位。2017 年，"中央一号文件"提出加快发展土地流转型和服务带动型的多元化农业适度规模经营，此后，土地流转型适度规模经营和服务带动型适度规模经营在中国全面发展。然而，随着农业适度规模经营战略在全国的逐步展开，很多问题也浮出水面。如土地流转并没有改变小规模经营的现状、当前二地规模经营主体面临过高的各类农业风险及农业社会化服务组织的发展不到位等。

总之，本章对中国农业适度规模经营的发展历程及当前现状进行分析后，为接下来的研究提供了更加详细的历史资料、清晰的分析脉络以及完整的研究背景。

第三章　农业适度规模经营理论与生产效率分析

　　农业规模经营问题的核心是土地的适度规模经营，规模经营的效果取决于农业生产技术的特征及其具体形式。农业生产的投入要素包括土地、劳动力、资本、技术、农药、种子、化肥等多种生产资料，这些要素禀赋的总量是有限的，特别是作为核心要素的土地，对于一个经济体而言，基本是固定的。由于各种农业经营主体的存在，最终每个经营主体使用各种要素禀赋的规模会存在差异。在各种经营主体之间，应该按照什么样的规模配置生产资料，这是农业规模经营关注的问题。

　　为了更好地理解农业适度规模经营的内在机制和评价标准，本章构建了一个刻画农业生产的理论框架。首先从规模经营的理论基础出发，介绍关于农业适度规模经营分析的理论起源和基本假设；然后基于农业生产技术的特征建立农业规模经营分析的基准模型，并分析各种投入要素的优化组合关系；接下来借助基准模型进行农业规模经营的生产效率分析；最后依据中国农业生产的特点，对于农业适度规模经营与生产效率关系的机制进行讨论，进一步分析影响农业规模经营的各种可能因素。

　　因此，本章的主要任务是构建农业适度规模经营分析需要的理论机制和研究框架，为接下来的实证研究作出理论指导。

第一节　农业适度规模经营的理论基础

一、规模经营的相关理论

（一）规模经营的理论起源

规模经营的概念与新古典经济学中规模经济（Economies of Scale）和规模报酬（Returns to Scale）等刻画生产技术特征的概念不同，它反映的是各种生产投入要素进行规模化组合后所能实现的产出情况以及成本关系。比如，产出数量增加时，单位成本如何变化；各种投入要素等比例增加之后，产出是否能够按照相应的比例增加。对于农业生产而言，典型的例子是土地的配置。通常对于土地适度规模经营的理解是，假定一个经济体中的土地总量固定，如果每个经营主体负责经营一定规模的土地，是否存在合适的最优规模区间使得单位土地的生产效率最大化。

有学者认为，农业规模经营的思想在司马迁的《史记》中就有记载，在其《货殖列传》中提到"多财善贾"的观点，即资本多了更便利于做生意（王培先，2003）。在古典经济学中，扬（1770）的《农业经济论》比较详细地探讨了农业适变规模经营的理论，认为农业适度规模经营是在技术与经济条件给定的前提下，达到农业经营收益最大化的土地与其他投入要素的最优配置。现代的新古典经济学在更加严谨规范的模型下论述了规模经营的理论，这些理论通常基于公司的经营规模在市场竞争下的内生均衡选择，比如卢卡斯（Lucas，1978）和诺威克（Jovanovic，1982）的经典理论模型讨论了公司经营管理者的能力如何影响公司的经营规模，这些理论构建了关于公司的经营规模决定理论的基本分析框架。对于农业生产而言，由于农业生产的规模普遍很小，而且农产品市场的竞争非常激烈，通常农业经营者并不具有市场的垄断力量。因此，关于公司经营规模的理论并不能直接用来分析农业的适度规模经营问题，不过，这些公司规模经营的理论为农业适度规模经营的分析提供了重要的启示。

（二）规模经营的理论假设

1. 理性经济人假设

依照经济学的定义，理性经济人指的是各种行为主体在经济活动中会按照自己的利益最大化目标进行选择。理性经济人假设是进行逻辑推理和理论分析的基础，理性分为两类，一是目的理性，二是工具理性。古典经济学创始人亚当·斯密对"经济人"做了详细的研究，他认为经济人在经济活动中基于所获得的所有信息通过理性地权衡利弊，选择可以实现自己利益最大化的行为路径。亚当·斯密认为理性的经济人总是以自身利益最大化为目标，以全社会的各种资源为约束条件，在市场的引导下，每一个理性经济人在追求自身利益最大化的过程中逐渐增加了全社会的福利水平。此后，经过以希克斯和萨缪尔森为代表的众多经济学家的进一步补充和完善，新古典经济学家基于效用最大化和利润最大化原则提出了"理性经济人"的基本假设。舒尔茨对农户的理性经济人假说理论做了经典的论述，他反对过去人们对农民愚昧的认知，认为在市场竞争中，农户与企业家是一样的，都会依据市场变动的方向整合身边的资源，通过最优化资源的配置使效率达到最大化。林毅夫（1988）专门对农户的理性经济人假设进行了论证，他认为中国的农户具有理性特征，且这种理性属于经济效用而不是物质效用最大化。本书在研究时，同样提出了农户理性经济人的假设，农户可以基于我国农村、农业的经济发展现状合理选择农业适度规模经营，以获得自身利益的最大化，并最终客观地提高农业生产效率。除此之外，我们认为政策制定者也有自己的选择目标，同样会基于理性经济人的行为模式最大化自己的行为目标。

2. 农业资源的稀缺性假设

1932 年，罗宾首次在经济学中使用稀缺性这一概念，自此，资源的"稀缺性"被广泛地作为学者们研究的约束条件。罗宾认为，经济科学就是一门研究人类在稀缺资源分配和使用过程中的行为。萨缪尔森指出，经济学的本质就是研究社会如何在资源稀缺性的条件下最为有效地组合并利用资源。阿尔钦认为，资源配置的本质是对资源权利的使用。农业生产资源的稀缺性具有相同的原理，由于农业使用的生产要素多为自然资源，因此受到的制约更多，如农户不可能随意地增加自己的耕地面积。随着经济社会的发展，城市化和工业化的步伐不断加快，对土地的需求更加迫切，然而土地资源是有限的。随着城市化进程的推进，部分农用地根据市场化的发展需要变成了非农用地，使得农用耕地更加稀缺。面对农业生产资源稀缺性的实际状况，有效合理地配置资源，提高资源利用效率，以弥补农业生产资源稀缺性的不足，发挥土地等资源的规模经济作用，是有效解决问题的途径。

（三）要素禀赋、规模经济和规模报酬理论

农业适度规模经营的理论基础可以利用要素禀赋和规模经营的理论来分析。如果将提高农业生产效率作为政策目标，那么农业适度规模经营意味着使农业生产的各种投入要素规模处于合理水平，通过农业生产投入要素的配置组合达到规模效益，最大化农业的产出与利润。农业规模经营通常采用农业经营主体经营的耕地面积进行量化，同时经营给定数量的耕地所需要的劳动力、资本等生产性服务项目的数量也是农业规模经营的重要量化指标。无论是何种量化标准，农业规模经营的共同目标都是使农业生产达到最优效率。

1. 要素禀赋理论

要素禀赋理论与比较优势理论具有相似之处，二者的核心思想分别是要素丰裕度和要素密集度。农业的要素禀赋指各种农业生产要素在一个地区的相对拥有量，比较优势指一个地区拥有各种要素的相对比例。要素禀赋的基本定理包括 H - O（Heckscher - Ohlin）、FPE（Factor Price Equilibrium）、SS（Stolper - Samuelson）和 Rybcznski 等定

理，具体内容可以概括为：要素禀赋和生产函数的不同决定生产商品的不同；具有市场竞争力的商品往往需要密集型和丰裕型的要素进行生产；资源配置由要素禀赋决定。如图 3 - 1 所示，可反映出农业生产的基本要素，可流通的要素与不可流通的要素共同决定着生产效率的提高。

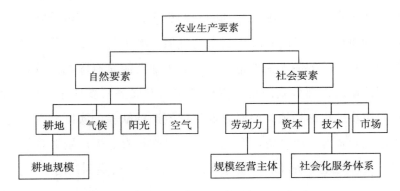

图 3 - 1　农业生产投入的要素与规模经营

农业规模经营的实现离不开农业生产要素的配置，土地流转、新型农业规模经营的主体和社会化服务体系等要素是现代农业发展的必要元素。舒尔茨（1964）曾指出科学技术会在未来的农业发展中起重要作用，劳动力和资本是农业生产的必备要素，可通过两者的合理搭配形成最优化的生产路径。速水佑次郎（2000）研究发现土地的规模经营与劳动力投入呈正比，土地流转通过扩大土地规模实现规模经济，进而提高农业生产效率。此外，农业生产性服务业通过整合多种生产要素促进农业生产效率的提高，是农业适度规模经营当前最为有效的发展模式。

2. 规模经济理论

在一定的技术条件下，规模经济理论是指产品的生产成本随产量的变化而变化的过程。如图 3 - 2 所示，在平均成本最低点 Q_1（平均成本最小）的左侧，生产处于规模经济状态，也就是说扩大生产规模平均成本下降；在 Q_1 的右侧，扩大生产规模则平均成本上升，生产进入规模不经济状态。

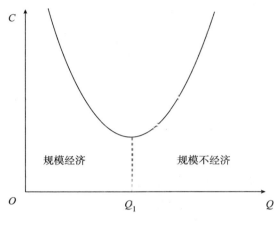

图 3 - 2　长期平均成本曲线

3. 规模报酬理论

规模报酬理论经常与规模经济理论相混淆，两者相关但各有侧重。规模报酬反映的是投入要素与产出量之间的关系，按照要素投入和产出之间的增长比例的相对大小，可以分成三种规模报酬情形。当所有投入要素等比例增加时，如果产出量也按照相同的比例增加，此时称为"固定规模报酬"（Constant Returns to Scale）；如果产出量的增加比例超过了投入要素的增加比例，称为"规模报酬递增"（Increasing Returns to Scale）；如果产出量的增加比例小于投入要素的增加比例，则称为"规模报酬递减"（Decreasing Returns to Scale）。可见，规模报酬与价格无关，完全反映的是生产技术的特征。

二、农业经营的适度规模分析框架

（一）农户规模经营基准模型

基谢廖娃和彼得森（Kislev 和 Peterson，1982）利用相对要素价格的变化理论解释了美国家庭农场经营规模不断扩大的现象，该理论可以帮助我们更好地认识农业规模经营的决定机制。我们在基谢廖娃和彼得森的农户经营模型基础上构建本书分析的基准理论框架。假设存在一个农户，只生产一种农产品，投入的生产要素有：劳动力（记为 L）、资本（记为 K）、土地（记为 A）及其他生产物资（种子、农药、化肥等，记为 B）。生产过程分两步完成：第一步，资本与劳动力结合生成中间品 m，生产过程表示为 $f_m(K,L)$；土地与其他生产物资结合生成中间品 b，生产过程表示为 $f_b(A,B)$。第二步，两种中间品相结合，得到农户的最终产出（记为 Y），生产函数表示为：

$$Y = f[f_m(K,L), f_b(A,B)] \qquad (3-1)$$

假设每个劳动力的工资率为 w，可以用劳动者从事非农就业的单位时间收入作为该工资率的度量指标，代表了农业劳动者的机会成本。资本的价格为 u，同样代表了资本使用的机会成本，相当于资本用于其他市场活动的投资回报率。其他生产物资的价格为 v，代表了各种生产物资的成本。如果农产品的价格为 P，可以得到农户单位土地上的经营利润率 ρ，记为：

$$\rho = \frac{PY - uK - wL - vB}{A} \qquad (3-2)$$

如果时间贴现因子为 r，可以用利息率作为代理变量，将单位土地的经营价值表示为 $\frac{\rho}{r}$，相当于这个农户经营土地这样一种"资产"的单位价值。因此，农户总的土地的价值 W 可以表示为：

$$W = A\frac{\rho}{r} \qquad (3-3)$$

而单位时间内（每期）的经营利润也可以记为：$rW = A\rho = PY - uK - wL - vB$。

另外，反映农业生产效率的土地产出率 H、劳动生产率 R 分别记为：

$$H = \frac{Y}{A}, R = \frac{Y}{L} \qquad (3-4)$$

显然，根据式（3-1）可知，当农业生产技术一定时，农业生产要素的投入决定农业产出水平。按照规模报酬理论，如果农业生产的各个环节的技术都是规模报酬不变的，即假设函数 $f(\cdot)$、$f_m(\cdot)$、

$f_b(\cdot)$ 都是一次齐次函数，假设生产过程是技术有效的，即产出水平都能达到生产函数的前沿边界上，那么当所有投入要素等比例增加时，产出也会等比例增加，即对于任意 $\alpha \geqslant 1$ 有：

$$\alpha Y = f\left[f_m(\alpha K, \alpha L), f_b(\alpha A, \alpha B)\right] \qquad (3-5)$$

此时，如果所有投入要素的价格保持不变，农业产出品的价格也不变，通过式（3-2）可知，农业生产的单位土地利润率同样会保持不变，而总利润也将按照等比例增加。通过式（3-4）可以得到土地产出率 H 和劳动生产率 R 都将保持不变。我们可以整理出四个基准假设：

假设 A1：生产函数 $f(\cdot)$、$f_m(\cdot)$、$f_b(\cdot)$ 都是一次齐次函数。

假设 A2：生产过程是技术有效的。

假设 A3：所有投入要素可以等比例增加。

假设 A4：所有投入要素的价格保持不变，农业产出品的价格也不变。

然后得到如下结论：

引理：当假设 A1、假设 A2、假设 A3、假设 A4 都能满足时，单位土地经营利润率 ρ、土地产出率 H 以及劳动生产率 R 都将保持不变。

这些基本结论可以作为我们后续分析的出发点，特别地，当这些假设条件无法完全满足时，对应的各种生产率的相关评价指标也会相应地发生变化。

（二）农业投入要素的配置组合分析

首先，需要注意的是，农业投入的所有要素通常不会等比例变化，即假设 A3 很难满足。比如，当一个家庭农户经营的土地面积增加时，通常不会等比例地增加劳动力的投入。更现实的情况是，农户的家庭规模通常是给定的，家庭中可以从事农业生产的劳动力数量也是给定的。当获得一定规模的耕地经营权时，农户会根据经营这些土地的需要配置相应的劳动力、资本以及农药、化肥等其他生产资料。如果获得的劳动力的边际收益高，农户会选择雇佣劳动力；反之，如果劳动力的边际收益低，农户会将劳动力配置到其他地方，比如外出打工或者自雇经营等。显然，在各种农业投入要素中，土地会起到决定经营规模的作用，即，给定土地的经营规模 B，农户会选择其他投入要素使得各种要素的边际收益等于边际成本，实现最优化经营。因此，最优经营时的其他要素投入由土地规模决定，可以得到：

$$K^* = K(B), L^* = L(B), A^* = A(B) \qquad (3-6)$$

对于任意一种投入要素而言，当其他要素给定时，由于边际收益递减的规律，当农户无限投入这种生产要素时，农业产量会出现一个先上升后下降的变化趋势，给定农产品的价格不变，相应的农产品的边际收益会出现一个逐步下降到零的过程，在这个过程中，边际收益会在某个点等于这种生产要素的单位成本（即要素价格）。此时，即为该生产要素投入的均衡点。因此，式（3-6）中的均衡是存在的，而且在一定的条件下通常均衡还有唯一性。在这样的均衡要素投入的组合配置下，式（3-1）可以变为：

$$Y = f[f_m(K^*, L^*), f_b(A^*, B)] = f^*(B) \qquad (3-7)$$

其中，函数 f^* 表示在其他要素都基于土地规模选取最优投入时，对应的最终产出量，相当于优化过程的值函数。按照极大值定理（Theorem of the Maximum），函数 f^* 会继承原来函数 $f(\cdot)$、$f_m(\cdot)$、$f_b(\cdot)$ 的连续性，但是不会直接继承一次齐次性。这就意味着，当土地面积按照一定比例增加时，其他投入要素的最优选择不会简单地等比例增加。值函数 f^* 的性质会受到很多因素的影响。比如，农户经营的土地面积翻倍时，农户最优的劳动力投入通常不会相应的成倍增加；如果直接雇佣和原来自己家庭劳动力投入同样多的人，由于受到激励因素的影响，雇佣劳动力通常没有自己经营时投入的那么多，因而劳动生产效率会降低；如果选择租赁农业机械帮助进行耕地施肥等生产，土地面积翻倍时，机械化生产投入的总时间一般不会成倍增加，而租赁的总成本也不会翻倍；而且各种要素投入之间可能存在替代关系，当要素相对价格给定时，农户可能通过更多地选择机械化经营代替劳动力投入。当然，也不排除值函数 f^* 依然满足一次齐次性的条件。总之，函数 f^* 的性质更多的是一个实证问题，需要结合实际生产的情况进行具体分析。

其次，农业生产技术也不一定是固定规模回报的，生产函数 $f(\cdot)$、$f_m(\cdot)$、$f_b(\cdot)$ 的一次齐次性可能不成立，假设 A1 可能无法满足。生产函数反映的是投入和产出之间的关系，生产函数的性质受到很多因素的影响，比如信息、技术、管理能力等。雷克斯（Laux，2001）分析了在多个任务分配过程中存在的激励问题，在信息不完全的情形下，行为人的信息不对称会产生道德风险问题，而合同约束存在有限责任问题，结果会影响规模回报的性质。以农业生产为例，如果农户以自己的家庭成员从事生产，一旦出现了净的经营损失，家庭成员会承担完全责任，这些损失可能意味着农户经营一年的真实收入为负，即经营亏损。这种风险的真实存在会激励农户劳动力努力地进行农业生产。反之，如果农户雇佣劳动力进行生产，雇工每天根据劳动时间获得报酬，他们的收入和最终农业生产的盈利情况无关，是有限责任的。按照道德风险理论的预测，雇工在生产中的投入会不足。此时，如果扩大农业生产规模，比如农户的土地经营面积翻倍，农户可以雇佣更多的劳动力；或者还是雇佣原来的劳动力，只是增加他们的工作时间。在有效的雇佣合同下，雷克斯（2001）证明了雇佣原来的劳动力，增加工作时间的方案可以在一定程度上弱化有限责任的问题，缓解道德风险的影响。

当然，假设 A4 的条件也需要进行检验，各种农业投入要素及农产品的价格会随着经营规模的变化而发生改变。在现实中，如果农户购买的农业生产资料增加时，随着议价能力的提高，通常单位价格会下降；农户出售农产品时，如果产量足够高，也可以在议价过程中获得更高的单位价格。

第二节　农业适度规模经营的生产效率分析

本书从农业生产效率着手对农业适度规模经营的问题进行具体分

析，因此，基于以上对农业适度规模经营理论分析框架的构架，接下来将探讨农业生产效率的理论作用机制。

一、生产效率的内涵与度量

生产效率定义为实际产出水平相对于最大潜在产出水平的比例（Kumbhakar 等，2014），反映的是投入的生产要素最佳有效利用的能力。在生产函数式（3－1）中，假设 A2 意味着，在给定的生产技术条件下，生产过程最大化地将生产资料转换成了产出品。然而，由于存在技术无效率（即技术使用并没有达到最大可能的产出水平）的可能，最终的实际产出水平可能低于生产函数预测的数值。此时，生产函数式（3－1）就是对应投入要素下的最大潜在产出水平，实际产出水平只能通过现实观察得到。在考虑生产的投入产出关系时，文献中一般都是基于假设 A2 进行的分析，而当我们专门关注生产效率的问题时，就很有必要放松假设 A2 的前提条件，考虑生产者的产出水平可能低于技术边界前沿的情况。具体而言，生产效率通常分解为两个部分进行研究，分别是技术效率和配置效率（Farrell，1957；Wang 等，1996），也有研究将技术效率进一步分解为纯技术效率和规模效率（Fare 等，1985；Chavas 等，2005）。结合后文分析的需要，这里主要介绍技术效率和配置效率。

技术效率一般指在给定的技术水平下，投入的所有生产要素能够达到的最大产出水平。既可以表示为既定生产要素投入下实现最大化产出，也可以表示为既定产出水平下最小化投入。如果前节基准模型中的假设 A2 不成立，即存在生产技术的效率损失，可以从两个角度理解。首先，在给定的要素投入水平上，可以实现更大的产出水平，即产出导向的测量（Output－oriented Measure，OO 技术无效率）；其次，在给定的产出水平上，可以使用更少的要素投入，即投入导向的测量（Input－oriented Measure，IO 技术无效率）。以一种投入要素和一种产出品的情况为例，两种技术无效率可以通过图 3－3 进行展示。

图中 $F(x)$ 表示生产函数即生产的可行性前沿，如果实际的投入水平为 OA，实际的产出水平为 AP，即 P 点代表"投入—产出"的组合关系，显然在当前的生产函数下，P 点的生产关系是无效的。如果按照 OO 技术无效率的测量，给定投入水平 OA 下的最优产出可以达到生产技术前沿点 B，即最大产出水平为 AB，此时的技术效率可以表示为 $\dfrac{AP}{AB}$，而 OO 技术无效率水平可以表示为 $\dfrac{PB}{AB} = 1 - \dfrac{AP}{AB}$。如果按照 IO 技术无效率的测量方法，要想达到产出水平 AP，则最低的投入量为 OC，此时的技术效率可以表示为 $\dfrac{OC}{OA}$。而 IO 技术无效率水平可以表示为 $\dfrac{AC}{OA} = 1 - \dfrac{OC}{OA}$。显然，技术效率的测量以及无效性的产生都基于给定的生产技术，当生产技术改变时，原来有效的生产关系可能就会变成无效的，而原来无效的生产关系也可能变成有效的。当我们讨论中国的农业生产效率时，前提条件是基于测量时点的农业生产技术水平。

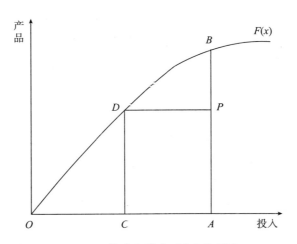

图 3 - 3　技术无效率（OO 和 IO）

我们也可以通过如下的数学形式来表示两种技术无效率。假定生产的实际投入产出水平分别为 x 和 y，生产的技术函数为 f。OO 技术无效率的形式可以表示为：

$$y = f(x)\exp(-u), u \geqslant 0 \qquad (3-8)$$

其中，u 表示 OO 技术无效率（Technical Inefficiency，TI）的水平，记为 $TI = u$。特别地，当 $u = 0$ 时，生产是完全有效的，$y = f(x)$。定义生产的技术效率（Technical Efficiency，TE）为 $TE = \exp(-u) \cong 1 - u = 1 - TI$。同样地，IO 技术无效率的形式可以表示为：

$$y = f[x\exp(-\eta)], \eta \geqslant 0 \qquad (3-9)$$

其中，η 表示 IO 技术无效率的水平，记为 $TI = \eta$。特别地，当 $\eta = 0$ 时，生产是完全有效的。生产的技术效率为 $TE = \exp(-\eta) \cong 1 - \eta = 1 - TI$。

配置效率一般表示在给定的要素和产出品价格以及技术水平下，通过调整投入要素或产出品的配置组合，实现要素投入和产出最优化配置的能力。当存在多种投入要素时，要素之间的投入配置组合关系也会影响产出状况。此时，可以通过成本最小化或者利润最大化来优化投入要素的配置组合，分别称为成本效率或者利润效率。首先考虑成本最小化与配置有效性之间的关系。基本的想法是，给定产出水平，构建最优的投入要素组合，使得所有投入要素组合的总成本最小。比如，两种投入要素共同生产一种产出品时，最优投入组合下，两种要素的边际替代率应该等于两种要素价格之比。可见，成本最小化取决于要素的价格。如果要素投入是配置有效的，给定要素的价格 w，对应投入产出水平 x 和 y，可以得到成本的前沿函数 $c^a = c(w,y) = w'x$，即最低成本。如果生产是无效率的，比如给定产出 y 投入水平超过了 x，或者要素组合不够优化，都会导致生产成本超过最低成本。假设此时生产函数是一次齐次的，对应的成本函数可以表示为：

$$c^a = c(w,y)\exp(u) \qquad (3-10)$$

其中，$u \geqslant 0$ 代表技术无效率的程度。如果生产函数不是一次齐次的，成本函数满足 $c[w,y\exp(u)] \geqslant c(w,y)$。此时，可以定义成本效率为最低成本 $c(w,y)$ 与真实成本 $c[w,y\exp(u)]$ 之间的比例，显然成本效率在区间 0 到 1 之内。

　　另外，利润最大化问题也可以成为配置效率的分析目标。在给定的生产技术水平下，生产者可以同时选择投入要素的组合以及产出量，实现利润最大化的目标。可见，利润最大化同时取决于要素的价格 w 和产出品的价格 p。给定要素价格和产出品价格，可以得到最优水平的产出量 $y = y(w,p)$ 和最优投入 $x(w,p)$，得到利润函数为 $\pi^a = py(w,p) - w'x(w,p)$。如果生产是无效率的，比如技术无效率，在一次齐次的生产函数下，可以得到利润函数为：

$$\pi^a = \pi(w,p)\exp[-u/(1-r)], u \geqslant 0 \qquad (3-11)$$

　　其中，$r < 1$ 代表规模回报。此时，可以定义利润效率为真实利润 $\pi(w,p)$ 和最优利润 π^a 之比，取值在 0 到 1 的区间内。

二、农业的生产效率分析

　　农业经营的适度规模取决于评判标准，而评判标准的确立依赖于行为主体的选择，不同主体关注的绩效指标的内涵是不同的。在农业生产问题的分析中，通常蕴含着两类主体，首先是代表政策制定者的政府职能部门，其次是作为农业生产经营主体的农户。而中国特色的家庭联产承包责任制以及统分结合的"双层经营体制"的建立和完善，代表了政府和农户两类行为主体的博弈过程和利益平衡。

　　从政府职能部门的角度来看，农业是关系国计民生的基础性产业。农业发展、农村稳定、农民富足是党和政府追求的目标，其中粮食生产的稳定又被作为农业工作的重中之重。从农业政策的角度出发，农业生产的效率反映在农业生产的能力上，在农业经营的土地总量很难改变的基本前提下，政府关注的农业生产绩效的客观指标就反映在土地产出率和全要素生产率上。土地产出率指的是单位土地上生产的农产品数量。比如，棉花的土地产出率可以用每亩地种植的棉产量公斤数来度量。全要素生产率是一个相对复杂的指标，反映的是投入与产出的关系，包含了技术水平、管理能力等多个综合的影响效果，需要通过特定的计算方法进行测量。在生产技术和投入要素都给定的前提下，如果要进一步提高产出水平，就需要提高生产效率。无论是从技术效率还是配置效率的角度出发，生产效率指标都可以作为政府评判农业生产能力和发展潜力的重要指标。

从农户和其他农业经营主体的角度来看，农业生产是其就业谋生的手段。给定可以经营的土地规模，农户会按照经营利润最大化的原则组织生产和经营。基于上述农户规模经营基准模型的设定，农户在乎的农业生产绩效刻画指标是单位土地的利润率。同时，如果农户的劳动力数量给定，而农产品的价格给定，土地利润率也会反映在劳均的产出上，即农业经营实现的劳动生产率。另外，以成本最小化或者利润最大化为目标的生产效率改进，也能成为农户关注的重要指标。

可见，农业生产绩效考核的指标是多元的。基于研究目标和研究主体的不同，用于效率测量的指标也会存在差异。通常使用的指标包括全要素生产率、土地产出率、劳动生产率、土地利润率等，在此基础上，本书引入生产效率的指标，主要从技术效率的角度出发，分析农业规模经营与生产效率之间的关系。为此，这里介绍三种对于技术效率的估计方法，分别基于不同的目标函数，分别考虑生产函数前沿、成本最小化前沿以及利润最大化前沿模型。

生产函数前沿的技术效率。前面提到过，生产技术效率可以通过产出导向或者投入导向两种思路构建模型，这里我们讨论基于产出导向的生产函数前沿理论。考虑到存在技术无效率，随机生产函数前沿模型可以表示为：

$$\ln y_i = \ln y_i^* - u_i, u_i \geq 0 \qquad (3-12)$$

$$\ln y_i^* = f(x_i, \beta) + v_i \qquad (3-13)$$

其中，y_i 代表个体 i 可见的实际产出；y_i^* 代表前沿产出水平，即当前技术和投入下最大的可能产出；x_i 表示要素投入；β 为系数；v_i 为随机扰动项；标准化为 0 均值。这样，$u_i \geq 0$ 就代表了生产无效率的程度。

如果将式（3-12）和式（3-13）合并，可以得到如下的函数形式：

$$\ln y_i = f(x_i, \beta) + \varepsilon_i, \varepsilon_i = v_i - u_i \qquad (3-14)$$

其中，$\varepsilon_i = v_i - u_i$ 代表复合误差项。由于 $u_i = \ln y_i^* - \ln y_i$，即为最大可能产出与实际产出之间的对数差，因此 $u_i \times 100\%$ 表示当生产完全有效率时在实际产出基础上能够增加的百分比，或者有：

$$\exp(-u_i) = \frac{y_i}{y_i^*} \qquad (3-15)$$

这个比值代表了实际产出相对于最大可能产出的比例，即为技术效率。因此，基于上面的分析，可以得到效率的测度为 $\exp(-u_i)$，而技术无效率为 u_i。

成本最小化前沿的技术效率。考虑在给定的技术和产出水平下，以成本最小化为目标的效率问题。如果存在技术无效率，则意味着两种可能，或者是在当前投入水平上没有实现最大化的产出，或者是在当前的产出水平下可以使用较少的投入。从成本最小化的角度出发，意味着过度投入。按照投入导向的效率分析法，可以考虑如下成本最小化问题：

$$\min w'x, s.t. \ y = f(x\,e^{-\eta}) \qquad (3-16)$$

其中，$\eta \geq 0$ 表示的是投入导向法下的技术无效率，同样地，$\exp(-\eta)$ 表示效率的测度。

利润最大化前沿的技术效率。考虑在给定的技术和要素价格下，以利润最大化为目标的效率问题。给定投入要素的价格 w 和产出品的价格 p，可以按照产出导向法分析生产效率，考虑如下利润最大化问题：

$$\max py - w'x, s.t. \ y = f(x,q)\,e^{-u} \qquad (3-17)$$

同样地，得到效率的测度为 $\exp(-u)$，而技术无效率为 u。

上面的分析表明，我们可以同时选取生产率的指标，比如土地产出率和劳动生产率等作为生产效率的分析目标，计算技术效率和技术无效率的程度，也可以分别从生产成本或者生产利润的角度，计算生产的技术效率。

第三节　农业适度规模经营与生产效率关系的机制讨论

那么，农业经营规模将会如何影响农业生产效率？无论是基于单要素生产率还是专门的生产效率指标，农业生产效率反映的都是在技术给定的前提下，对于多种农业要素投入进行优化组合实现最优化收益的能力。而农业规模经营与生产效率之间的关系受到如下因素的影响。

第一，农业生产的平均成本曲线通常是"L"形的，即随着经营规模的增加，刚开始成本下降很快，达到一定的规模后就下降得非常缓慢。比如，新雇佣一个工人或者购买一台农机的成本很高，在一定的范围内，随着规模的增加，这个成本被很快平均掉，但是达到一定的规模后，就需要再雇佣新的工人或者购买新的农机了。这个成本的特性决定了，与其他商业公司的巨大规模相比，农业经营的规模通常都较小，即使是在欧美等土地资源相对丰富的国家。同时，这一特性也能解释一些小规模的农业经营竞争力不比大农场低，因为相对而言的机会成本不高。

第二，即使给定成本曲线的形状，技术变革依然会推进最优规模的不断改变。以美国为例，其农场的规模就在逐渐增大，大农场越来越集中，背后的推动力量主要就是技术的变革（Sumner，2014）。而大量的跨国实证研究也发现，农业经营规模的最优区间在不同发展水平的国家中存在明显差异，一般而言，发达国家因为使用更多农业技术，适度规模也会更大；而发展中国家的适度规模也会更小。随着中国经济的高速发展，特别是更多农业技术的推广和普及，中国的农业适度经营规模也会相应的发生变化。

第三，农业规模经济的特性在不同地方和不同种类作物上都存在很明显的异质性。比如新疆适合大规模的棉花生产，而山东适合小规模的蔬菜种植。

第四，土地的所有权属性通常存在差异，小规模经营农户通常是土地的所有者，而大规模经营主体通常只能拥有土地的经营权。这样的土地所有制特性会决定土地经营的效率。比如，大型农场偏好于使用资本或者外部劳动力，而小规模家庭农户经营者都更加依赖于自己家庭的人员和要素投入。

第五，农业经营者的管理能力通常会限制规模经济的效果，从而制约经营规模的不断扩大。与其他投入要素相比较，农业经营者的管理能力是一种主观能动性很强的投入要素。比如，小农户更多地依赖天气和人力，而大农场需要管理协调更多劳动力和资本机械等。当经营规模扩大时，小农户的经验很难适应大农场的经验需要。在经营风险防范、劳动合同、市场拓展等方面都对经营者的管理能力提出了要求，最终将会影响农业规模经营的生产效率。

第六，非农就业市场的发展和经济的全面进步会改变农业要素投入的相对价格，结果导致更多资本投入到农业中。这个现象在中国最为典型，当大量农村剩余劳动力存在时，谈论规模经营有很大的风险。农业经营活动为大量的农村劳动力解决了就业问题，即使效率不高，收入很低，也能达到社会整体的经济均衡。然而，随着城市化进程和工业化进程的推进，农村剩余劳动力问题逐步得到缓解。在非农就业选择机会面前，农业生产和经营的吸引力在下降，从而推动了更多资本进入农业以替代逐步转移的劳动力。这种效果会通过配置效率的改变影响农业生产的效率。

第七，农业生产的风险和信息不对称等因素也会影响生产效率。由于自身的特点，决定了农业生产从开始到收益的过程需要较长的时间。当农户根据最初的信息决定农业作物的选择时，整个流程中蕴含的风险都会时刻伴随。比如，遇到暴风雪时可能会影响农业作物产量，遇到需求过剩时会有"谷贱伤农"的可能。

因此，这些因素共同决定了农业适度规模经营是一个实证问题。一方面，扩大农业经营规模可以促进农业技术和资本的进入，提高农业生产效率；另一方面，当规模增大之后，会导致新的风险和成本，从而制约农业生产效率的发展。基于这样的分析，我们预计农业规模经营理论上存在一个适度值，需要通过对比生产效率找寻出这个适度值的大小。同时，在实际的农业经营活动中，农业适度规模经营的最优点也在不断变化，随着区域、技术、经济环境、劳动力素质等因素发生改变，寻找一个农业适度经营规模的范围是比较符合现实情况的。

具体而言，农业适度规模经营的理论基础是规模经济假设。规模经济指生产的单位成本随生产规模的扩大而逐渐变小。规模经济的本质是通过改变要素配置进而改变投入产出形成的规模生产。扩大生产规模有助于使用先进的生产技术、提高分工与专业化水平，带来边际产出提高的效用。对生产规模的管理过程也可理解为经营的过程，即控制生产要素的配置以实现规模经济。然而，从边际收益递减规律来看，最优的经营规模并非无限增大，当经营规模超过某一临界值后，就会产生规模不经济的状况。从农业生产角度出发，农户需要持续改变农业生产要素的投入配置比例，达到最优的经营规模，以致有效提高农业生产效率。农业经营规模过小会导致单位投入成本过高，也不利于农业分工和专业化的发展，而经营规模过大会产生过高的经营组织成本，也不符合现实的农业生产国情。因而，本书要研究的就是基于不同的角度、不同的农业经营主体特性，探索能发挥出最高农业生产效率的农业经营规模范围，进而为实际的农业生产提供建议。

农业适度规模经营指将各农业生产要素（土地、劳动力、资本等）进行优化配置，以达到生产效率最大化（陈飞和翟伟娟，2015）。基于上述的假设前提，我们对理论推导进行简化，基于农业生产要素中的土地要素，分析农户土地经营规模与投入产出的理论逻辑，以作为本书的理论基础。如图 3－4 所示，$Land$ 表示"理性经济人"农户的土地经营规模，由于土地属于稀缺资源，所以农户经营的土地规模不可能无限扩大，TP 与 TC 分别是农户经营土地的农业总产出与总投入曲线，AP 与 MP 分别表示农业的平均产出与边际产出曲线。[L_1，L_3] 表示农户在经营过程中有效的生产区间，当农户经营的土地规模处于 L_1 时，农业的平均产出处于最大水平，这时农业生产的土地产出率最大，当农户经营的土地规模增大至 L_2 时，农业的边际产出等于零，这时农业的总产出达到最高水平，农户的农业生产水平实现了最大化，当农户的土地经营规模处于 $[L_2, L_3]$ 的区间时，农业生产的总收益是正的，然而农业的边际产出是负的，这说明此时农户的配置要素效率很低。农户是"理性经济人"，农业适度规模经营的目标是实现生产效率的最大化，因此农户在决策经营二地规模时应将目标锁定在 $[L_1, L_2]$ 的区间内，这个土地经营区间在理论上可以认为是土地适度规模经营的最优范围。然而，农业适度规模经营不应该是固定不变的，随着农业生产的技术水平、经济环境、社会环境等的提高，农业生产要素的配置组合会发生变化。如图 3-4 中农业的生产技术曲线（TP），当农户经营的土地规模处于 L_3 时，农业生产处于无效率状况，这时，作为"理性经济人"的农户会选择将土地流转出去，这时，转出户（转出土地的农户）不仅可以改善自身的土地经营状况，还可以有效解决其他农户（转入户）因经营的土地规模过小（小于 L_1）而导致的生产资源及生产技术的浪费问题。另一种提高农业生产效率的方法是改善农业生产技术，如图 3-4 中 TP 曲线所示的含义，这时农户也可以有效提高配置效率，进而提高农业生产效率。

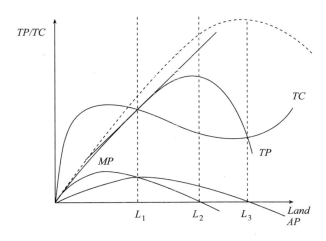

图 3-4　土地经营规模与投入产出的关系

从我们的理论分析可以看出，农业生产存在一个农业适度规模经营的最优范围，在这个范围内农业生产效率处于最高水平，农户的农业利益也处于最大化状态，此外，当"理性经济人"农户发现经营的土地规模过大、现有的技术水平和其他的生产资源无法匹配这个规模时，就会选择将多余的土地流转出去，这样既可以改善自己的经营状况，又可以扩大其他需要更多土地农户的生产规模。最后，农户将农业生产性服务外包有利于专业化分工，在一定程度上提高了农业技术水平和配置效率，农业生产效率也得到了提高。

基于以上分析，本书提出三个理论预测：一是农户经营的土地规模不是越大越好，而是存在一个农业适度规模经营范围，在这个范围内"理性经济人"农户会优化稀缺农业资源的利用，使农业生产效率达到最优水平。二是土地流转是改变土地规模的直接方式，"理性经济人"农户为了改善自身农业经营的现状会通过流转土地（重新配置土地要素）实现农业适度规模经营，以使农业生产效率上升到最优水平。三是除了土地要素外，其他生产要素的优化配置是农业适度规模经营的另一种思路，即服务外包，也就是说农业生产性服务业规模的发展也是农业适度规模经营的另一种模式，是提高农业生产效率的重要途径。

小　结

本章在全书中起着承上启下的作用。基于农业适度规模经营的相关理论，提出理论研究的前提假设、推导出理论模型及结论、建立本书的基本分析框架并诠释分析机制。不同的研究内容涉及的相关理论不同，本章依据我们的研究需求，具体分析了农户的相关理论、农业适度规模经营的相关理论、农业生产效率的相关理论，以及从理论上分析了农业适度规模经营与农业生产效率的关系，从而为接下来的章节作出理论指导和技术铺垫。

第四章 土地规模经营与生产效率的关系检验

基于前述的理论分析框架，我们可以得出土地经营规模存在一个适度的范围，也就是说土地规模与生产效率可能存在一个非线性关系。土地经营规模与农业生产效率之间的关系是发展经济学界长期关注的一个问题，土地资源受限已经是制约我国农业发展的一个主要因素，因此，在土地资源有限的条件下，发展土地适度规模经营是保证和提高农业生产效率的有效路径。学界对于土地适度规模经营和农业生产效率的关系并没有得出统一的定论，存在土地经营规模与农业生产效率不相关、负相关和正相关三种结论。如菲德尔（1985）指出由于信贷市场不完善、道德风险的存在导致雇佣劳动力的生产效率普遍低于家庭劳动力，这时土地经营规模与农业生产效率并无直接关系。巴德翰（Bardhan，1973）分析了印度的1000户种植农户数据发现，由于土地和劳动力要素市场不完善的原因，土地规模与农业生产效率呈负相关关系。福斯特（Foster，2011）对印度的农户样本进行分析后发现，随着机械化替代劳动力的快速发展，土地规模与农业生产效率呈正相关关系。此外，学者们研究发现农产品价格的不确定性、土壤质量的差异以及土地面积的测量误差等是导致土地规模经营对农业生产效率产生负向影响的主要原因（Barrett，1996；Benjamin，1995；Carletto等，2013）。近年来，还有学者发现农业生产效率指标的选取同样是一个影响识别土地规模与农业生产效率关系的重要因素，如福斯特和罗森茨韦克（Foster 和 Rosenzweig，2017）研究发现单一要素的生产率指标不能很好地反映农业规模经营与农业生产效率的关系；石晓平和郎海如（2013）研究认为当土地产出率作为农业生产效率的度量指标时往往得到规模经营与农业生产效率的反向关系。

基于以上研究结果，本书在农业生产效率指标的选取上未考虑生产率指标，而是选用了更加能够综合测度农业生产情况的生产效率指标，并运用专门计算效率的随机前沿分析方法对农业生产效率进行具体估计，以正确识别土地规模经营与农业生产效率的关系。本章通过构建随机前沿产出函数模型、随机前沿成本函数模型以及随机前沿利润函数模型，从产出最大化、成本最小化和利润最大化三个视角检验土地规模与生产效率的关系，并确定一个土地适度规模经营的范围。

第一节　土地规模经营与生产效率的理论分析

农业生产刻画的是一种将农业投入要素向农业产出品转化的过程，例如将劳动力、土地、资本等转化为农产品的过程。生产函数就如一个"黑匣子"，体现了这种投入产出的关系。那么，当技术效率不是完全有效率的情况下，我们期望生产函数可以选择一种最优路径来表达投入产出的转换过程。因此，我们的目标是在投入一定时，以最高效率得到最大产出，或是在产出水平一定时，以最小成本获得最高利润。

如图4-1所示，农业生产的要素投入用 x 表示，农业产出用 y 表示，农业生产函数用 $f(x)$ 表示，接下来，我们对 $f(x)$ 的性质做一些说明。

（1）$f(x) \geqslant 0$ 是有界的实值函数。

（2）$f(0) = 0$。

（3）$f(x)$ 是单调增函数。

（4）$f(x)$ 是连续的二次可微的函数。

（5）产出 y 的投入集合 $V(y) = \{x \mid f(x) \geqslant y\}$ 是凸集，相应地 $f(x)$ 是拟凹的。

（6）$V(y)$ 对任何 $y > 0$ 是闭且非空集合。

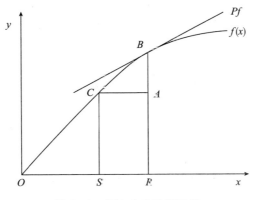

图 4 - 1　最大生产边界函数

这里我们假设 $f(x)$ 是技术完全有效性下的最大生产可能边界，A 点表示实际产出，B 点为同等要素投入下最大生产边界上的产出。首先，从产出角度来看，在同样的要素投入 OR 下，最大产出应该在 B 点，那么 AB 表示实际产出与最大可能产出的距离，技术无效率即是 BA/BR 的值，这个值应该大于 0 且小于 1。相应地，产出导向的技术效率水平则为 $1 - \dfrac{BA}{BR} = \dfrac{AR}{BR}$。

其次，从投入角度来看，若产出相同时，即同为 AR，那么最大生产边界上的投入要素仅为 OS（$OS < OR$），农业生产要素的投入导向的技术效率是 OS/OR，相应地，投入导向的技术无效率水平则为 $1 - \dfrac{OS}{OR} = \dfrac{SR}{OR}$。

在前面第三章第二节中详细介绍了农业规模经营生产效率的度量方法和技术细节，这里不再赘述。这里需要强调的是，在计算农业经营的生产效率时，可以选取不同的目标作为分析对象，得到的具体分析方法会存在细微差异，对应的生产效率的度量值也会不同。具体而言，如果选取产出水平作为优化目标，可以得到要素投入或产出水平与最优值之间的差异作为生产效率损失的度量；如果选取成本最小化作为优化目标，可以得到成本效率；如果选取利润最大化作为分析目标，可以得到利润效率。本章的实证部分将分别从这三种最优化目标的角度分析农业生产效率。

第二节 样本的描述性统计

本章在实证分析时运用了 2012 年 CFPS 数据中的农户家庭调查样本，在筛选样本时仅保留了从事种植业的农户[1]，同时，删除了关键变量严重缺失和有偏的样本，最终得到了 6447 户有效样本[2]（见表 4 - 1）。

表 4 - 1 变量的描述性统计

变量名	含义及单位	观测值	平均值	标准差
亩均总产值	每亩土地的总产值（元）	6447	663.28	1494.88
亩均总成本	每亩土地的总投入（元）	6447	252.31	518.55
亩均总利润	每亩土地产生的总利润（元）	6447	410.97	1162.89
耕地面积	农户实际耕地面积（亩）	6447	19.88	35.76
经营 10—20 亩的农户	是 =1，否 =0	6447	0.51	0.50
经营 20—40 亩的农户	是 =1，否 =0	6447	0.23	0.42
经营 40—80 亩的农户	是 =1，否 =0	6447	0.04	0.20
经营 80—120 亩的农户	是 =1，否 =0	6447	0.01	0.09
经营 120—200 亩的农户	是 =1，否 =0	6447	0.01	0.08
家庭劳动力	每亩土地投入的家庭劳动力（日）	6447	5.87	20.24
种子化肥农药费用	每亩土地投入的种子等费用（元）	6447	184.03	364.71
雇佣劳动力	每亩土地投入的雇佣劳动力（元）	6447	32.25	161.59
机械灌溉服务费用	每亩土地投入的机械灌溉费用（元）	6447	23.16	95.19
运输燃料等费用	每亩土地投入的燃料等费用（元）	6447	12.88	76.98
劳动力价格	当年劳动力平均价格（元/时）	6081	12.82	1.96
化肥价格	当年化肥平均价格（元/公斤）	5802	5.52	2.70
家庭人口规模	农户家庭人口数（人）	6447	4.58	1.84
小孩比例	小孩占家庭人口的比例（%）	6447	33.62	4.61
老人比例	老人占家庭人口的比例（%）	6447	44.81	28.59

---

① 由于样本的局限性，所以本章无法再次细分种植作物的种类。
② 本书的样本以农户家庭为基本单位。

续表

变量名	含义及单位	观测值	平均值	标准差
女性劳动力比例	家庭中女性劳动力占总劳动力比例（%）	6447	26.24	16.99
劳动力平均年龄	家庭劳动力平均年龄（岁）	5866	39.06	7.96
劳动力平均受教育程度	家庭劳动力平均受教育年限（年）	5866	6.15	3.38
农用机械虚拟变量	有=1，否=0	6241	0.44	0.49
租入地比例	实际耕地面积中租入土地占比（%）	6447	3.75	11.08
村庄地貌特征	高山、高原、平原、草原和渔村=1，丘陵山区=0	6477	2.19	1.05

注：（1）本书在计算亩均成本、亩均利润时，因数据限制等客观原因，没有纳入家庭劳动力投入因素；（2）耕地面积：自有土地面积和租金租入土地面积减去租金租出土地面积（Bhalla 和 Roy，1998；Carletto 等，2013）；（3）10—20 亩、20—40 亩、40—80 亩、80—120 亩、120—200 亩均为左开右闭区间，即（10，20]、（20，40]、（40，80]、（80，120]、（120，200]，全书如此，不再说明。

　　为了更好地观测农户拥有不同经营规模对生产带来的影响，本章按一定的土地亩数进行了分组，具体可划分为 0—10 亩、10—20 亩、20—40 亩、40—80 亩、80—120 亩、120—200 亩 6 个组别。如表 4 - 2 所示，通过统计分析我们可以看出，超过半数以上农户经营的土地规模在 10—20 亩这个区间，接下来有 23.10% 的农户经营 20—40 亩的土地，经营 10 亩以内的农户占总样本的 19.40%，但是经营的土地规模在 40 亩以上的农户比例非常少，如农户经营 80 亩以上的数量占总农户的比重不到 2%。从样本的土地规模经营可以看出，短期内，要使农户经营 40 亩以上的土地规模是很难实现的，在这种情况下，适度规模经营是比较符合中国的现实国情的。

表 4 - 2　不同土地规模下的农户数量及占比

土地规模分组	农户数（户）	占比（%）
0—10 亩	1257	19.40
10—20 亩	3315	51.20
20—40 亩	1493	23.10
40—80 亩	283	4.40
80—120 亩	55	0.85
120—200 亩	44	0.68

　　我们进一步通过散点图分别分析土地规模和亩均总产值、亩均总成本与亩均总利润的简单相关关系（图4-2）。从图4-2中我们可以清楚地看到，土地规模与亩均总产值和亩均总成本均呈现负相关关系，而土地规模和亩均总利润之间看不出明显的相关关系。土地规模和亩均总利润在地区维度上没有简单的相关关系不一定表明两者之间就没有关系，很可能是因为我们未控制对两个变量产生重要影响的因素，从而使得两者间的真实关系被掩盖住了。类似地，通过统计描述得出的土地规模与成本间的关系也需要我们进一步去验证其真实性，其相

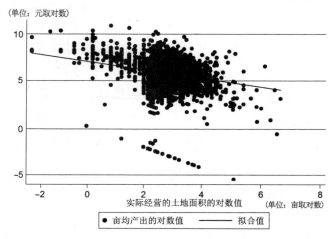

（1）土地规模与亩均总产值

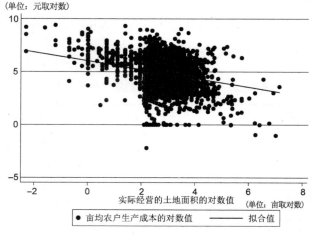

（2）土地规模与亩均总成本

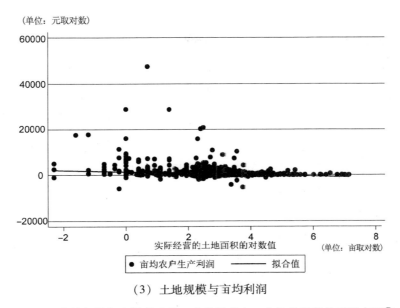

（单位：元取对数）

（3）土地规模与亩均利润

图 4-2　土地规模与亩均总产值、亩均总成本、亩均总利润关系散点图①

关性的存在可能是因为变量两两间同时受到地区间其他因素影响。为了排除其他因素的干扰以准确识别两两变量间的因果关系，下面将控制农户特征、地块特征、村庄虚拟变量等因素，并运用计量经济模型来分析土地规模对产出、成本和利润效率的影响。

我们首先对不同土地经营规模下农户的生产情况做一个简单对比（见表 4-3），发现不同的生产目标下，最优土地经营规模有所差异。从亩均总产值最大化的角度来看，土地经营规模的最优选择在 0—10亩，接下来是 10—20 亩和 40—80 亩这两个规模，而亩均总产值最小的经营规模处于 120—200 亩的区间。从亩均总成本最小化来看，土地经营规模的最优选择是 120—200 亩，其次是 20—40 亩和 40—80 亩；然而可以看到的是，40—80 亩范围里的亩均总成本并没有比前两种大很多，倒是 0—10 亩的亩均总成本要明显大很多。从亩均总利润最大化

---

① 本书在亩均产出、生产投入要素及土地面积取对数值前，先在原值上加上 0.001，再取对数值，避免因非随机去掉观测值为 0 的样本而对模型估计结果造成影响（Macurdy 和 Pencavel，1986）。亩均利润因有负值存在，故利润使用半对数进行取值。

来看，0—10 亩依旧是最优规模经营区间，继而是 10—20 亩和 40—80 亩这两个经营区间，亩均总利润最小的是 120—200 亩的规模区间。经过分析我们发现，若将亩均总产值和亩均总利润作为目标函数，土地适度规模经营的区间是一致的，而将成本作为目标函数时，土地规模经营的最优区间正好与之相反。以此可以看出，生产目标不同得到的最优经营规模范围也不同，通过简单比较产出、成本和利润不能得到准确的土地适度规模经营范围，接下来，我们将通过计量分析进一步研究土地规模经营的适度范围。

表 4 - 3   不同土地经营规模下农户生产情况

土地规模分组	组内农户平均亩均总产值（元）	组内农户平均亩均总成本（元）	组内农户平均亩均总利润（元）
0—10 亩	1013.012	366.845	646.167
10—20 亩	698.416	261.804	436.611
20—40 亩	570.824	218.942	351.882
40—80 亩	610.589	228.606	381.984
80—120 亩	603.096	234.635	368.461
120—200 亩	478.566	201.589	276.976

第三节　基本估计策略

本章在计算农业生产效率时所用到的是随机前沿产出分析模型、随机前沿成本分析模型以及随机前沿利润分析模型，这三个模型分别代表以产出最大化为生产目标的生产效率、以成本最小化为生产目标的生产效率和以利润最大化为生产目标的生产效率。在随机前沿产出分析模型中，不考虑配置效率与规模效率影响的前提下，假设投入与技术水平一定，估计出最大可能产出前沿面，由于技术无效率的影响使实际产出低于最大可能产出前沿面，由此可计算出技术无效率的对立面技术效率，即农业生产效率。随机前沿产出分析模型理论上可分为两部分，一是随机前沿生产函数模型，先设定生产函数的具体形式，再基于农业投入产出理论估计出最大产出前沿面，本章用亩均产出代理产出变量；二是技术效率模型，核心解释变量为本章关注的土地规模与土地规模区间分组变量。在随机前沿成本分析模型中，仍然不考虑规模效率，但假设所有投入变量均是配置有效率的，估计出最小可能成本前沿面，由于技术无效率的影响使实际成本大于最小可能成本前沿面，由此可得到农业成本效率。随机前沿成本分析模型也分为两部分：一是随机前沿成本函数模型，基于设定的成本函数形式，估计出最小成本前沿面；二是技术效率模型，核心解释变量为土地经营亩数及经营区间与上面相同。在随机前沿利润分析模型中，假设配置是有效率的，不考虑规模效率的影响，同理可估计出最大可能利润前沿面，通过与实际利润之比最终得到农业利润效率。随机前沿利润分析模型也包含两部分，通过设定利润函数得到的随机前沿利润函数模型与技术效率模型，其核心解释变量与上面大致相同。

一、随机前沿生产函数模型

（一）随机前沿产出函数模型

基于已有相关文献（Aigner 等，1977；Meeusen 和 Broeck，1977），设定如下的模型：

$$Y_i = f(X_i, \beta) \exp(v_i - \mu_i) \qquad (4-1)$$

在模型中，农业产出用 Y_i 表示，而投入的农业生产要素用 X_i 表示，i 代表农户个体，这里假设有 1 至 N 个农户；β 为模型参数；$f(\cdot)$ 为农业生产函数。模型中，ε_i 是随机扰动项，由两个部分组成，分别是随机误差项 v_i 与非负误差项 μ_i，它们分别代表统计误差与技术无效性。由此，SFA 的技术效率定义为：

$$TE_i = \exp(-\mu_i) = \frac{Y_i}{f(x_i, \beta) \exp(v_i)} \qquad (4-2)$$

式（4-2）在已知技术无效率项的函数分布时可以得到样本技术效率损失的平均值，然而不可以计算出每一个样本的技术效率损失值。

因为它的计算逻辑是通过参数估计得到随机扰动项的值，进一步再计算出统计误差与技术无效率项，这只能得到样本的均方技术无效率项。约翰德罗等（Jondrow 等，1982）为了解决这一难题，重新设定了技术效率的公式，$TE_i = \exp[E(\mu_i / \varepsilon_i)]$，模型中的 $E(\mu_i / \varepsilon_i)$ 遵循半正太分布。基于此，本书假设 v_i 服从正太分布，即 $N(0, \sigma_v^2)$，μ_i 独立于 v_i，且 μ_i 服从半正太分布，即 $N^+(m_i, \sigma_\mu^2)$，从而技术效率可以用 $\exp[E(-\mu_i)]$ 表示。[①]

柯布—道格拉斯生产函数（C－D 函数）和超越对数生产函数（Translog 函数）常用作生产函数的设定模式。当 C－D 函数只考虑资本（K）与劳动力（L）投入时，可表示成如下形式：

$$\ln Y = \beta_0 + \beta_1 \ln K + \beta_2 \ln L \tag{4-3}$$

其中，β_0、β_1 和 β_2 为待估参数。

Translog 函数本质上与 C－D 函数是相同的，它只是 C－D 函数的另一种表达形式，即 C－D 函数在原点处的泰勒展开式，具体如下：

$$\ln Y = \beta_0 + \beta_1 \ln K + \beta_2 \ln L + \beta_3 (\ln K)^2 + \beta_4 (\ln L)^2 + \beta_5 \ln K \times \ln L \tag{4-4}$$

C－D 函数与 Translog 函数各自具有优点，前者的参数可以直接表示要素投入的生产弹性，而后者则将要素间的相互影响考虑在内，这弥补了 C－D 函数将要素间的替代弹性固定为 1 的不足。但是，究竟应该选哪种生产函数，应基于客观的计量检验结果作出合理判断。因此，本书做了模型选择的计量检验分析，先假设模型为 Translog 函数，然后设定原假设为 $\beta_3 = \beta_4 = \beta_5 = 0$，做似然比回归检验，结果显示，在 1% 的显著性水平上拒绝原假设，表明应该选用 Translog 超越对数函数作为生产函数的估计模型。[②]

Translog 生产函数的具体形式设定如下：

---

① 本书的随机前沿成本函数模型和随机前沿利润函数模型做了相同的函数分布设定。
② 本书在后文的随机前沿成本函数和随机前沿利润函数的选择上，都做了类似的似然比检验，结果均显示为在 1% 的显著性水平上拒绝原假设，即应选用 Translog 函数形式作为随机前沿函数模型。

$$\ln Y_i = \beta_0 + \beta_1 \ln L_i + \sum_j^n \beta_j \ln K_{j,i} + \sum_j^n \beta_{jj} (\ln K_{j,i})^2 + \beta_2 (\ln L_i)^2 +$$

$$\sum_j^n \sum_k^n \beta_{jk} \ln K_{j,i} \times \ln L_i + \sum_j^n \sum_{j-1}^n \beta_{j(j-1)} \ln K_{j,i} \times \ln K_{j-1,i} + v_i + \mu_i$$

$$(4-5)$$

农业的产出用 Y_i 表示，变量的自然对数值用 $\ln *$ 表示；所有农业生产需要的劳动力投入用 L_i 表示；$K_{j,i}$ 为农户 i 种植第 j 种农业的资本投入，包括种子化肥、雇佣劳动力、机械灌溉和运输燃料的投入等；$(\ln K_{j,i})^2$、$(\ln L_i)^2$ 分别为第 j 种农业资本投入、劳动力投入自然对数的平方项，资本与劳动力投入的交叉项用 $\ln K_{j,i} \times \ln L_i$ 表示；而投入资本要素间的交叉项用 $\ln K_{j,i} \times \ln K_{j-1,i}$ 表示。

（二）随机前沿成本函数模型

$$C^* (w,y) = \sum_j w_j x_j e^{-\mu} \qquad (4-6)$$

这个模型表示最小成本函数。那么，在价格 w_j 与产出 y 固定时，可以将其表示为：

$$\ln C_i^a = \ln C^* (w_{j,i}, y_{j,i}) + \mu_i + v_i \qquad (4-7)$$

其中，$\ln C_i^a$ 为农户 i 实际成本的自然对数，$\ln C^* (w_{j,i}, y_{j,i})$ 为农户 i 在投入 j 种生产要素下随机前沿最小成本的自然对数，技术无效率用 μ_i 表示，随机误差项用 v_i 表示。

则随机前沿成本函数模型可具体表示如下：

$$\ln C_i^a = \beta_0 + \beta_y \ln y_i + \beta_h \ln w_{h,i} + \frac{1}{2} \beta_{yy} (\ln y_i)^2 + \frac{1}{2} \beta_{hh} (\ln w_{h,i})^2 +$$

$$\beta_{hy} \ln w_{h,i} \ln y_i + \mu_i + v_i \qquad (4-8)$$

其中，y_i 为农户 i 的农业产出，$\ln y_i$ 是 y_i 的自然对数取值，其他变量类似；$w_{h,i}$ 为农户 i 雇佣劳动力的价格，并且成本与雇佣价格均是用化肥价格做标准化处理后的结果；$\ln C_i^a$、μ_i 和 v_i 的含义与上式相同。

（三）随机前沿利润函数模型

$$\pi(w,p,q) = \pi(w,q,p,e^{-\mu}) \qquad (4-9)$$

$\pi(\cdot)$ 为随机前沿最大利润边界函数，即在要素价格 w，产出价格 p、固定投入 q 一定时的最大利润，可表示为：

$$\ln\pi^{\alpha} = \ln\pi(w,p,q) + \ln h(w,p,q,\mu) \qquad (4-10)$$

其中，$\ln\pi^{\alpha}$ 为实际利润的半自然对数，$\ln\pi(w,p,q)$ 为随机前沿利润最大值的半自然对数，而利润的无效率项由 $\ln h(w,p,q,\mu)$ 表示。

则随机前沿利润函数的超越对数生产函数（Translog 函数）为：

$$\ln\pi^{\alpha} = \beta_0 + \beta_h \ln w_{h,i} + \beta_l \ln Land_i + \frac{1}{2}\beta_{hh}(\ln w_{h,i})^2 +$$

$$\frac{1}{2}\beta_{ll}(\ln Land)^2 + \beta_{hl}\ln w_{h,i} \times \ln Land_i + \mu_i + v_i \qquad (4-11)$$

其中，$\ln\pi^{\alpha}$、$w_{h,i}$ 与前式一样，$Land_i$ 为农户 i 的耕种面积，本书视其为农业生产的固定投入，μ_i 表示由于技术无效率引起的利润损失，v_i 为随机扰动项。

二、技术效率模型

在农业生产的技术效率模型中，μ_i 代表效率损失，μ_i 函数值的大小与效率损失大小成正比。本章根据 Coelli 和 Battese（1996）已有的函数模型进行改写，将我们的技术无效率模型具体表示如下：

$$\mu_i = \pi_0 + \pi_1 \ln Land_i + \pi_2 (\ln Land_i)^2 + \sum_{n=1}^{6} \eta_n\, Scalable dummy_{in} +$$

$$\sum \gamma_k C_{ik} + \sum_{m=1}^{5} \varepsilon_m\, Regional dummy_{im} + \varepsilon_i \qquad (4-12)$$

其中，μ_i 为农户 i 的农业生产无效率项。$Land_i$ 为农户 i 耕种的土地面积，所有变量的自然对数用 $\ln(\cdot)$ 表示。$(\ln Land_i)^2$ 为土地面积的对数平方项，在模型中可以呈现土地面积与技术无效率的非线性关系。

$Scalabledummy_{in}$ 代表土地规模经营的一组虚拟变量，反映不同土地规模经营对技术效率的影响，主要划分为 0—10 亩、10—20 亩、20—40 亩、40—80 亩、80—120 亩、120—200 亩 6 个组别，其中以 0—10 亩为对照组，用 "0" 表示农户所属对照组别，其余组别用 "1" 表示（李文明等，2016）。C_{ik} 表示家庭特征和地块特征的变量，家庭特征有以下变量：人口的规模数量，我们这里按照国家统一的定义方式，指在册登记且一年在家居住不少于 6 个月的成员数量；家庭劳动力，定义为年龄处于 16 周岁到 60 周岁之间的男性或女性，小于等于 16 周岁的家庭人口定义为小孩，大于等于 60 周岁的家庭人口定义为老人。其余农户家庭特征变量还包括家庭平均劳动力年龄、家庭平均劳动力受教育程度和家中是否有农用机械这三个变量。由于数据的限制，我们仅用了租用土地面积占家庭实际耕地面积的比例这一个变量作为地块的特征变量。$Regionaldummy_{im}$ 代表农户所在村庄地貌特征的虚拟变量，意义在于控制住不同地形地貌对农业技术无效率的干扰，主要分为丘陵山区、高山、高原、平原、草原和渔村六类，其中以丘陵山区为对照组，用 "0" 表示控制组，用 "1" 表示对照组。

第四节　估计结果分析

基于以上构建随机前沿模型得到的结果，作出如下具体分析。

一、随机前沿产出函数模型的结果分析

（一）随机前沿函数的结果分析

表 4-4 的前半部分展示了随机前沿产出函数的估计结果，表 4-4 第（1）列在估计时仅加入了核心变量，表 4-4 第（2）列加入了农户家庭特征变量，表 4-4 第（3）列同时加入了农户家庭特征和地块特征

变量。从表 4-4 中的估计结果可以看出，是否加入农户家庭特征和地块特征变量对生产函数的估计系数差异较小，可能的原因是生产函数的估计系数主要受生产投入要素差异的影响，而农户家庭特征和地块特征变量主要对技术无效率模型产生影响，对生产函数的估计系数影响不大。然后，通过比较劳动力投入的估计系数和各项资本投入的估计系数可以看出，资本对农业产出的影响程度大于劳动力对产出的影响程度。其原因可能是，在农业生产习惯上，我国更偏向于投入更多的农药化肥等物质资本，致使农业资本对农业产出的影响效果明显高于劳动力对农业产出的作用。

表 4-4　随机前沿产出函数估计结果

变量名（投入要素）	随机前沿生产函数模型（被解释变量：亩均总产值，元）		
	(1)	(2)	(3)
家庭劳动力	0.068 ** (0.032)	0.068 * (0.035)	0.067 * (0.035)
种子化肥农药费用	0.127 *** (0.035)	0.121 *** (0.044)	0.218 ** (0.107)
雇佣劳动力	0.063 ** (0.025)	0.053 ** (0.027)	0.119 *** (0.044)
机械灌溉服务费用	0.082 *** (0.028)	0.078 ** (0.030)	0.055 ** (0.027)
运输燃料等费用	0.063 * (0.033)	0.057 * (0.034)	0.077 ** (0.030)
各投入要素的平方项是否控制	是	是	是
各投入要素间的交互项是否控制	是	是	是
常数项	4.507 *** (0.083)	4.567 *** (0.098)	4.576 *** (0.099)
T 值	25.91	24.44	24.43
P 值	0.000	0.000	0.000

续表

变量名（投入要素）	随机前沿生产函数模型（被解释变量：亩均总产值，元）		
	（1）	（2）	（3）
实际耕种面积（对数）	−0.067 (0.105)	−0.199* (0.117)	−0.198* (0.117)
实际耕种面积平方项	0.034 (0.026)	0.065** (0.029)	0.065** (0.029)
实际耕地10—20亩	−0.483*** (0.073)	−0.404*** (0.081)	−0.404*** (0.081)
实际耕地20—40亩	−0.650*** (0.125)	−0.569*** (0.136)	−0.534*** (0.137)
实际耕地40—80亩	−0.188 (0.208)	−0.183 (0.225)	−0.084 (0.232)
实际耕地80—120亩	−0.547 (0.349)	−0.517 (0.381)	−0.370 (0.390)
实际耕地120—200亩	0.676 (0.516)	0.406 (0.552)	0.449 (0.553)
家庭人口规模	—	0.036** (0.016)	0.033** (0.016)
小孩占比	—	0.046 (0.509)	0.081 (0.510)
老人占比	—	−0.599*** (0.145)	−0.596*** (0.145)
女性青壮年劳动力占比	—	−1.497*** (0.201)	−1.500*** (0.201)
家庭劳动力平均年龄	—	−0.003 (0.003)	−0.003 (0.003)
家庭劳动力平均受教育程度	—	−0.014* (0.008)	−0.014* (0.008)
农用机械虚拟变量	—	−0.330*** (0.050)	−0.329*** (0.050)
实际耕地面积中租入土地占比	—	—	−0.467* (0.258)

变量名（投入要素）	随机前沿生产函数模型（被解释变量：亩均总产值，元）		
	（1）	（2）	（3）
常数项	0.534 *** (0.147)	1.252 *** (0.265)	1.267 *** (0.265)
村庄地貌虚拟变量是否控制	是	是	是
似然对数	−6808.332	−5889.2381	−5887.625
观测值	6070	5305	5305

注：（1）*** 、** 和 * 分别表示在 1%、5% 和 10% 的显著性水平上显著；（2）括号内为稳健标准误；（3）村庄地貌虚拟变量：将村庄分为丘陵山区、高山、高原、平原、草原和渔村六类，其中以丘陵山区为对照组，用"0"表示村庄所属组别，用"1"表示其他组别；（4）生产函数中投入变量与被解释变量均取其对数值。

（二）技术效率模型的结果分析

技术效率的估计结果可以参见表 4-4 的后半部分。对结果的分析如下。

通过对比表 4-4 第（1）、（2）和（3）列的估计系数可以看出，仅估计核心解释变量与控制家庭特征变量和地块特征变量前后的估计系数大小差别不大，只是对显著性水平有一定影响，这在一定程度上可以反映出模型的估计结果相对稳健。更为具体地，当模型控制家庭特征和地块特征后，农户耕地面积的二次项在 5% 的显著性水平下为 0.065，这一结果表明农户经营土地规模与技术无效率呈正"U"形曲线关系，即与农业生产效率呈显著性的倒"U"形关系。这一关系是本书的重要研究结果，也是进一步分析的依据。随着耕地规模的增加，农业生产效率上升，但当耕地规模增加到一个阈值，也就是抛物线的拐点处时，农业生产效率达到最高点，若继续扩大耕地规模，农业生产效率则开始下降。本书就此给出的解释是，当土地规模扩大到一定程度时，由于农用机械水平无法满足耕地规模的持续增加，也就是农业机械化程度与耕地规模不匹配，因此农业生产效率开始下降。

接下来，对土地适度规模经营的区间进行讨论。当农户的土地经营规模处于 10—20 亩、20—40 亩、40—80 亩和 80—120 亩时，农业生产效率均高于经营规模处于 0—10 亩的控制组农户。更为具体地，农户经营的土地规模处于 10—20 亩和 20—40 亩的区间时，农业生产效率在 1% 的显著性水平上分别高出经营 0—10 亩农户农业生产效率的 150% 和 171%；农户经营土地规模处于 40—80 亩、80—120 亩的生产效率虽高于 0—10 亩的经营规模，但结果从统计上看并不显著，这可能与处于这两个经营区间的农户样本量较少有关①；然而与此相反的是，当农户经营土地规模处于 120—200 亩时，农业生产效率有所降低，具体地，与 0—10 亩的经营规模相比，农业生产效率下降了约45%。从上述分析中可以看出，如果又从提高农业生产效率来看，农户经营土地规模处于 80—120 亩的农户达到了农业生产效率的最高点，当土地经营面积大于这个阈值后，农业生产效率开始走下坡路线；若从农业生产效率提高的程度（约高于 0—10 亩经营规模 171%）和显著性（在 1% 的显著性水平上高于 0—10 亩经营规模）来看，农户经营规模处于 20—40 亩是适度区间。综合以上分析，本章认为若以农业生产效率的最优化作为目标时，20—40 亩是农户的土地适度规模经营区间。

此外，家庭特征变量和地块特征变量的具体分析如下。家庭人口规模和小孩占比对农业生产效率有负向影响。这可以做如下解释，家庭人口数量越多，越会过度投入家庭劳动力，过于精耕细作反而会降低农业生产效率；家庭成员中的小孩占比越高，用于照看小孩的人力和时间就会越多，可能会导致投入家庭劳动力不足而对农业生产效率带来负面影响。家庭劳动力的平均年龄和平均受教育程度代表了农户家庭的耕作经验，二者对农业生产效率产生积极影响，与此相似的是，老人占家庭成员的比例也对农业生产效率具有正向作用，这可能同样与生产经验带来的积极效用有关。女性青壮年劳动力对农业生产效率产生了正向作用，这表明在农业生产过程中，女性劳动力也发挥着重

---

① 位于 40—80 亩和 80—120 亩的农户分别占总样本的 4.40% 和 0.85%。

要作用；拥有农用机械给农业生产效率带来的积极作用是显而易见的，如果农户自家拥有农用机械设备，那么在农业生产过程中可以及时地用于生产的必需环节，自然也就会提高农业生产效率。由于受到数据的限制，模型中只放入了一个代理变量代表地块特征因素，即农户租用的土地面积占实际耕地面积的比例，可以看出，租入土地的比例对农业生产效率具有正向影响，这说明土地转入对农业生产效率具有正向影响。

二、随机前沿成本函数模型的结果分析

（一）随机前沿函数的结果分析

表4-5的前半部分列出了随机前沿成本函数的估计结果，表4-5第（1）、（2）和（3）列模型分别与表4-4第（1）、（2）和（3）列中技术无效率模型选取的变量一致。从估计结果可以看出，农业产出与经营成本呈抛物线式的非线性关系，在抛物线拐点的左侧，随着产出的增加，单位成本是下降的，拐点处是单位成本的最小值，当产出继续提高时，农业经营成本开始增加；劳动力价格与经营成本表现为正向关系，劳动力价格上升，农业经营成本也随之上升，这种关系符合一般经济规律。

表4-5 随机前沿成本函数估计结果

变量名	随机前沿成本函数模型（被解释变量：亩均总成本，元）		
	（1）	（2）	（3）
单位产出（对数）	0.022	0.019	0.018
	(0.027)	(0.029)	(0.028)
单位产出（对数）平方项	0.149***	0.149***	0.149***
	(0.004)	(0.005)	(0.005)
标准化后劳动力价格（对数）	1.667***	1.638***	1.633***
	(0.112)	(0.119)	(0.118)
标准化后劳动力价格（对数）平方项	-0.082	-0.057	-0.064
	(0.059)	(0.062)	(0.062)

续表

变量名	随机前沿成本函数模型（被解释变量：亩均总成本，元）		
	（1）	（2）	（3）
亩均产出与劳动力标准化价格（对数）交互项	−0.110 *** (0.017)	−0.108 *** (0.018)	−0.105 *** (0.018)
常数项	−0.593 *** (0.1 2)	−0.596 *** (0.119)	−0.589 *** (0.119)
T 值	23.30	23.79	24.67
P 值	0.000	0.000	0.000

变量名	技术无效函数模型（被解释变量：技术无效率项）		
	（1）	（2）	（3）
实际耕种面积（对数）	−0.399 (0.423)	−0.389 (0.442)	−0.296 (0.532)
实际耕种面积平方项	−0.016 (0.124)	−0.091 (0.125)	−0.143 (0.143)
实际耕地 10—20 亩	1.627 *** (0.547)	1.449 *** (0.507)	1.464 *** (0.487)
实际耕地 20—40 亩	1.538 ** (0.706)	1.436 ** (0.696)	1.221 * (0.680)
实际耕地 40—80 亩	2.352 ** (1.087)	2.609 ** (1.063)	1.960 * (1.041)
实际耕地 80—120 亩	2.403 (1.941)	4.064 ** (1.697)	2.919 * (1.591)
实际耕地 120—200 亩	−59.653 (10701136.567)	−58.367 (11892846.768)	−1.465 (2.824)
家庭人口规模	—	−0.016 (0.057)	−0.008 (0.057)
小孩占比	—	3.780 *** (1.450)	3.510 ** (1.384)
老人占比	—	0.546 (0.551)	0.535 (0.545)
女性农业劳动力占总人口比	—	−0.594 (0.774)	−0.452 (0.772)

变量名	技术无效函数模型（被解释变量：技术无效率项）		
	（1）	（2）	（3）
家庭劳动力平均年龄	—	− 0.026 ** （0.012）	− 0.025 ** （0.012）
家庭劳动力平均受教育程度	—	− 0.013 （0.028）	− 0.012 （0.028）
农用机械虚拟变量	—	0.564 *** （0.193）	0.562 *** （0.189）
租入的耕地面积占总耕地面积的比例	—	—	3.067 *** （0.833）
常数项	− 4.020 *** （0.847）	− 4.096 *** （1.005）	− 3.953 *** （1.016）
村庄地貌虚拟变量	是	是	是
似然对数	− 5504.721	− 4770.501	− 4764.238
观测值	5168	4497	4497

注：（1）***、** 和 * 分别表示在1%、5%和10%的显著性水平上显著；（2）括号内为稳健标准误；（3）本书用化肥价格对劳动力价格作了标准化处理；（4）村庄地貌虚拟变量：将村庄分为丘陵山区、高山、高原、平原、草原和渔村六类，其中以丘陵山区为对照组，用"0"表示村庄所属组别，用"1"表示其他组别。

（二）技术效率函数的结果分析

技术效率模型的估计结果可以参见表4−5的下半部分。对结果分析如下。

对比三个模型可以看出，加入家庭特征和地块特征后的表4−5第（3）列更能反映出变量间的因果关系。土地的经营规模与农业成本的技术无效率表现出了倒"U"形曲线的关系，也就是说它与农业成本效率是一种"U"形曲线的关系，即农业成本效率随着土地规模经营的扩大呈先下降后上升的变化趋势。进一步地，从农户经营土地的规模分组情况来看，与0—10亩相比，10—20亩、20—40亩、40—80亩和80—120亩的土地经营规模均没有降低农业成本的技术无效率，即没有提高农业成本效率，仅有120—200亩的土地经营规模在一定程度上降低了农业成本的技术无效率，即提高了农业成本效率。因此，可以得出以农业成本效率最大化作为目标时，农户经营的最优土地规模区间为120—200亩。

从成本效率模型中家庭特征和地块特征变量的估计系数可以得到如下结果：小孩与老人占家庭总人口的比例越大农业生产的成本效率越低，这可能与照看小孩和老人需要占用家庭劳动力的人数和时间有关，当家庭劳动力被占用以后，就不得不雇佣劳动力投入到农业生产中，从而增加了农业投入的成本。拥有农用机械和租用土地均对成本效率产生负面影响，这可理解为购买农用机械和土地租赁均会直接增加农业的固定成本，会影响短期的净收益。此外，家庭人口规模和女性青壮年劳动力占家庭人口的比重对成本效率有正向影响，表明家庭劳动力供给可减少雇佣成本。而家庭劳动力平均年龄和平均教育程度代表了农业生产的经验与技能水平，经验丰富与生产技能好的农户知道如何避免不必要的生产浪费，有利于成本效率的提高。

三、随机前沿利润函数模型的结果分析

（一）随机前沿利润函数的结果分析

表4-6前半部分呈现了随机前沿利润函数的估计结果，表4-6第（1）、（2）和（3）列中技术无效率模型分别与上述模型包含相同的变量。从利润函数模型中劳动力价格及耕地面积与利润效率的非线性关系可以看出，劳动力价格与生产利润呈抛物线关系，这表明当农业劳动力价格上涨时，农业生产的利润率会降低，但当利润上升到一定程度时，会随着农业劳动力价格的上升而提高。然而，就中国当前的农业生产情况来看，农业生产的利润效率还不会随劳动力价格的上升而提高。相似的是，农户经营的土地规模与生产利润率也呈现出抛物线的关系，农户持续扩大经营规模后，生产的利润率表现为先下降后上升的变化趋势，也就是说当农户经营规模扩大到一定程度时，生产利润才会开始增加。

表4-6 随机前沿利润函数估计结果

变量名	随机前沿利润函数模型（被解释变量：亩均总利润，元）		
	（1）	**（2）**	**（3）**
标准化后劳动力价格（对数）	0.795*** (0.124)	0.808*** (0.126)	0.822*** (0.124)
标准化后劳动力价格（对数）平方项	-0.021 (0.094)	0.028 (0.094)	0.011 (0.094)
实际耕种面积（对数值）	-0.794*** (0.109)	-0.809*** (0.121)	-0.648*** (0.107)
实际经营耕地面积的（对数）平方项	0.259*** (0.048)	0.267*** (0.052)	0.175*** (0.050)
劳动力标准化价格与实际耕种面积（对数）交互项	0.048** (0.022)	0.031 (0.022)	0.032 (0.023)
常数项	4.902*** (0.192)	4.870*** (0.200)	4.780*** (0.184)
T值	13.85	13.25	13.62
P值	0.000	0.000	0.000
变量名	技术无效函数模型（被解释变量：技术无效率项）		
	（1）	**（2）**	**（3）**
实际耕种面积（对数）	1.332*** (0.396)	1.539*** (0.472)	1.567*** (0.448)
实际耕种面积平方项	-0.093* (0.054)	-0.094 (0.061)	-0.097 (0.059)
实际耕地10—20亩	-0.981*** (0.159)	-0.906*** (0.187)	-0.951*** (0.184)
实际耕地20—40亩	-1.012*** (0.227)	-0.984*** (0.268)	-1.049*** (0.263)
实际耕地40—80亩	-0.690** (0.319)	-0.610* (0.370)	-0.665* (0.375)
实际耕地80—120亩	-0.624 (0.469)	-0.716 (0.537)	-0.834 (0.541)
实际耕地120—200亩	0.128 (0.696)	-0.052 (0.755)	-0.491 (0.802)

续表

变量名	技术无效函数模型（被解释变量：技术无效率项）		
	（1）	（2）	（3）
家庭人口规模	—	−0.005 (0.026)	−0.004 (0.026)
小孩占比	—	−0.168 (0.916)	−0.187 (0.943)
老人占比	—	0.039 (0.238)	0.009 (0.242)
女性农业劳动力占家庭总劳动力的比例	—	−1.000 *** (0.343)	−1.013 *** (0.346)
家庭劳动力平均年龄	—	0.002 (0.006)	0.003 (0.006)
家庭劳动力平均受教育程度	—	−0.020 (0.013)	−0.021 (0.013)
农用机械虚拟变量	—	−0.768 *** (0.094)	−0.770 *** (0.093)
租入耕地面积占实际耕地面积的比例	—	—	−1.933 *** (0.561)
常数项	−1.798 *** (0.692)	−2.008 ** (0.877)	−1.973 ** (0.841)
村庄地貌虚拟变量	是	是	是
似然对数	−7217.384	−6138.268	−6122.303
观测值	4892	4255	4255

注：（1）***、**和*分别表示在1%、5%和10%的显著性水平上著；（2）括号内为稳健标准误；（3）村庄地貌虚拟变量：将村庄分为丘陵山区、高山、高原、平原、草原和渔村六类，其中以丘陵山区为对照组，用"0"表示村庄所属组别，用"1"表示其他组别。

（二）技术效率函数的结果分析

技术效率模型的回归估计结果在表4-6的下半部分呈现。对结果分析如下。

首先，农户经营规模与农业生产利润的技术无效率呈倒"U"形曲线关系，具体可以解读为当农户经营土地规模扩大时，农业利润的技术无效率增大；但当土地规模扩大到一定程度时，到达倒"U"形曲线的拐点处，农业利润的技术无效率开始下降。换一种说法便是，农业生产利润效率随着土地经营规模的扩大呈先下降后上升的变化趋势。其次，从农户经营的土地规模分组情况来看，如表4-6第（3）列所示的估计系数，农户经营规模处于10—20亩、20—40亩、40—80亩、80—120亩和120—200亩时，其农业利润效率分别高出0—10亩经营区间259%、285%、194%、230%和163%；但是80—120亩和120—200亩经营区间的估计结果并不显著。通过对比可以看出，若以农业利润效率最大化为目标，20—40亩经营规模的利润率在1%的显著性水平上高于0—10亩的285%，因此可以证明，农户的土地最优规模区间为20—40亩。

综合以上分析，可以总结出两个结论：一是农户经营土地规模与农业生产效率呈倒"U"形曲线关系，这与赫尔特（Heltberg，1998）的研究一致。二是生产目标不同，农户经营土地规模的适度区间有所差异。若以农业产出最大化为经营目标，农户经营土地规模的适度区间处于20—40亩；若以农业成本最小化为经营目标，土地适度规模经营的区间为120—200亩；若以农业利润最大化为目标，则20—40亩是农户经营的适度规模区间。概括来说，从农业的产出与利润最大化来看，土地适度规模经营区间处于20—40亩。若从农业成本最小化来看，120—200亩的经营区间是适度的，这个结果与李文明等（2015）研究所得的结论一致。

小　结

提高我国农业生产效率的有效途径是推行土地适度规模经营。本章借助于SFA随机前沿分析模型，利用2012年CFPS数据中农户样本进行实证检验。分别以农业产出最大化、农业成本最小化和农业利润最大化为目标函数，将农户经营的土地规模及土地规模的分组情况作为核心解释变量，分别建立随机前沿产出函数模型、随机前沿成本函数模型和随机前沿利润函数模型，深入探究土地规模经营和农业生产效率的关系，并在此基础上找寻农户经营土地适度规模的范围。

统计分析发现：（1）从产出和成本角度分析，农户经营土地规模和农业生产效率负相关；从利润角度分析，土地经营规模和农业生产效率不相关。（2）经营土地规模在10—20亩区间的农户占总样本的51%，土地经营规模在20—40亩区间的农户占总样本的23.1%，经营10亩以内的农户占总样本的19.4%，而经营土地规模大于40亩的农户是相对较少的，尤其是经营土地规模在80亩以上的农户，其占比不足2%。从农户经营土地规模的现实情况来看，短期内，要将农户经营的土地规模从10—20亩扩大到40亩以上是很难实现的，因此，推行土地适度规模经营符合我国当前农业生产条件的实际情况。

随机前沿分析结果表明：（1）农户经营土地规模和农业生产效率呈倒"U"形曲线关系，农业生产效率随土地经营规模的扩大先上升后下降，农业生产效率下降的原因可能是农业机械化水平提高的程度无法满足土地规模的持续扩大。（2）农业生产目标不同土地适度规模经营的区间有所差异，从以产出最大化为目标的农业生产效率和以利润最大化为目标的农业生产效率最优来看，土地适度规模经营的区间是20—40亩，但若从以成本最小化为目标的农业生产效率最优来看，土地适度规模经营的区间是120—200亩。

第五章　土地流转与适度规模经营

已有研究得出，土地流转可以影响农业生产效率，而土地适度规模经营起着中间传导的作用。就此还有两个问题需要得到明确解答：一是我国当前土地流转究竟是如何影响以劳动生产率为产出目标的生产效率和以土地产出率为产出目标的生产效率？二是若土地适度规模经营起中间媒介作用，那么农户参与土地流转后的适度规模经营范围究竟又是多少？前一章已从农业的产出、成本和利润三个角度分别研究了土地适度规模经营与农业生产效率的关系，并探究了土地适度规模经营的最优范围，接下来本章将基于前一章的研究结论，进一步回答上面提出的两个问题。为了保证研究的连贯性和一致性，本章仍然将2012年CFPS数据中的农户家庭作为样本进行实证分析。

第一节　土地流转与适度规模经营的理论机制

基于卡特尔和姚（Carter 和 Yao，2002）、康宁和罗宾逊（Conning 和 Robinson，2007）的理论模型，本章构建了一个土地流转的农户决策模型，分析土地流转对农业生产效率影响的传导机制。

假设一：农户的农业生产函数为 $F(P_i,L_i,B_{ia}) = P_i L_i^{\beta} B_{ia}^{1-\beta}$ ，其中 P_i 是农户的农业生产效率，L_i 是农户经营的土地面积，B_{ia} 是农户在农业生产过程中投入的劳动力。每个农户的农业生产函数 $F(P_i,L_i,B_{ia})$ 对 L_i 和 B_{ia} 均满足 $F' > 0, F'' < 0, F_{LB} > 0$ ，且 $F'(0) = +\infty, F'(+\infty) = 0$ 。[①]

[①]　农业生产过程中农业资本都附着在土地上，故为了简化模型，我们在农业生产函数中只加入了土地面积，暂不考虑农业资本的影响（康宁和罗宾逊，2007）。

假设二：存在一个土地流转市场，该市场可以发生土地经营权的流转。我们用 δ 代表流转市场上土地转让的价格，在转让过程中会产生交易成本，这里我们用 θ_d 和 θ_s 分别代表转入与转出土地时的交易成本。另外，统一用 R 表示其他价格因素对模型产生的影响，单位劳动工资用 Q 表示；为简化模型参数，我们假设农业部门和非农业部门具有相同的单位工资。

假设三：农户 i 拥有的初始土地和劳动力为 L_{i0} 和 B_{i0}，农户可以自行安排农业部门和非农业部门的劳动力规模，其中 B_{ia} 和 B_{in} 分别表示农业部门和非农业部门的劳动力规模，用 L_{id} 和 L_{is} 分别表示土地转入和转出的规模。最后，假定土地流转价格 δ、土地转入成本 θ_d、土地转出成本 θ_s、农产品价格 R、单位劳动工资 Q 均为外生变量。

假设农户进行农业生产的目标函数是在约束条件下追求收入最大化。因此，农户在调整现有的土地经营规模、配置家庭劳动力时，会根据家庭经营土地的生产效率和非农业部门的工资状况进行合理分配，最终达到家庭收入最大化的目标。农户的家庭收入可用函数表示成如下形式：

$$\max PF(P_i,L_i,B_{ia}) + QB_{in} - (\delta + \theta_d)L_{id} + (\delta + \theta_s)L_{is}$$
$$\text{s. t. }: L_i = L_{i0} + L_{id} - L_{is}$$
$$B_{ia} + B_{in} \leq B_{i0}$$
$$0 \leq L_{is} \leq L_{i0}$$
$$0 \leq L_{id} \qquad (5-1)$$

收入最大化的一阶条件为：

$$L_{id}: PF_{Li}(P_i,L_i,B_{in}) - (\delta + \theta_d) \leq 0 \qquad (5-2)$$
$$L_{is}: -PF_{Hi}(P_i,L_i,B_{in}) - (\delta - \theta_s) \leq 0 \qquad (5-3)$$
$$L_{ia}: -PF_{in}(P_i,L_i,B_{ia}) = Q \qquad (5-4)$$

我们假设在土地流转市场上流转的土地是同质的，也就是说等号在式（5-2）和式（5-3）是不可能同时成立的，即农户不会在转入土地的同时又转出土地。那么，对于土地转入户有 $L_{id}^* > 0, L_i = L_{i0} + L_{id}^*$；对于土地转出户有 $L_{is}^* > 0, L_i = L_{i0} - L_{is}^*$；对于不发生土地流转

的农户有 $L_i = L_{i0}$ 。由此，L_{is}^*、L_{id}^*、L_{ia}^* 满足的一阶条件如下：

土地转入户：

$$PF_{Li}(P_i, L_i, B_{ia}) = (\delta + \theta_d) \qquad (5-5)$$

土地转出户：

$$PF_{Li}(P_i, L_i, B_{in}) = (\delta - \theta_s) \qquad (5-6)$$

不发生土地流转的农户：

$$(\delta - \theta_s) < PF_{Li}(P_i, L_i, B_{in}) < (\delta + \theta_d) \qquad (5-7)$$

由式（5-5）、式（5-6）和式（5-7）可以分别推导出土地转入户、土地转出户和不发生土地流转的农户的农业生产效率临界值。

土地转入户的效率临界值：

$$A_d = \frac{1}{P}\left(\frac{W}{1-\beta}\right)^{1-\beta}\left(\frac{\theta + c_d}{\beta}\right)^{\beta} \qquad (5-8)$$

土地转出户的效率临界值：

$$A_s = \frac{1}{P}\left(\frac{W}{1-\beta}\right)^{1-\beta}\left(\frac{\theta - c_s}{\beta}\right)^{\beta} \qquad (5-9)$$

农户根据现有情况作出是否流转土地，以及是转入还是转出。具体地，当农户自身的农业生产效率 A_i 大于等于转入土地的临界生产效率 A_d 时，农户会转入土地；当农户自身的生产效率 A_i 小于等于转出土地的临界生产效率 A_s 时，农户会转出土地；而当农户的农业生产效率 A_i 位于区间（A_s, A_d）内时，农户将不参与土地市场的流转。由此可见，农业生产效率水平是农户选择转入还是转出土地的一个重要原因，出于理性人假说的考虑，农户选择参与土地流转是为了提高当前的农业生产效率水平，以此来获得更多的利润。总而言之，理论模型的结果是：提高农业生产效率水平是农户选择参与土地流转的重要原因之一。

土地流转通过改变农户初始的土地经营规模，从而提高农户的农业生产效率水平。理论分析得出，农户参与土地流转的原因之一是提高当前的农业生产效率，更进一步看，农户参与土地流转后的直接效果就是改变了土地经营规模。农户参与土地转入后扩大了经营规模，相反，在流转出土地后农户的经营规模变小了。因此，从中可以得出本章基本的研究逻辑：农户参与土地流转后使其土地经营的规模发生了变化，从而带动了农业生产效率的变化。

在分析了土地转入和转出是通过改变经营规模而提高农业生产效率的逻辑后，更为深入地，需要探究农户在发生土地流转后的适度规模经营区间，在这个适度规模经营区间内农户的农业生产效率达到最优化水平。根据边际报酬递减规律，土地流转的目的不是单一地扩大或者缩小土地经营规模，而是实现一个适度的经营规模，以此达到农业生产效率的最优化水平。因此，接下来，需要通过实证分析探索出不同流转类型下，农户的适度规模经营区间。

从上面的理论模型分析中，我们可以提出两个相应的假说：一是农户参与土地流转后使其土地经营的规模发生了变化，从而有效地带动了农业生产效率的提高。二是完成土地流转后存在一个农户适度规模经营区间，在这个经营区间内农户的农业生产效率可以达到最优化水平。本章将运用实证分析方法对理论分析提出的两个假说进行验证，试图识别出土地流转与农业生产效率的正确关系，并以农业生产效率最优化为准则，找寻出农户参与土地流转后的适度规模经营区间。

第二节　数据与指标说明

为了更好地对比农户参与土地流转的变化情况，本章选用了 2010 年和 2012 年 CFPS 数据，两年的样本均仅保留了从事种植业的农户[①]，同时，删除了关键变量严重缺失和有偏的样本，最终 2010 年得到 7133 户有效样本，2012 年得到 6543 户有效样本[②]（见表 5 - 1）。

---

　　① 考虑到如果按照广义的农业概念，将种植业、林业、渔业及畜牧业放在一起比较有失科学性，因为其投入与产出无论在内容上还是在时间上都有很大差别，故本书只选取了传统意义上的种植业作为研究对象。

　　② 需要说明的是，由于 2010 年 CFPS 数据的调查问卷对农业生产相关问题涉及较少，不能满足实证分析所需的所有变量，因此，本书仅使用 2012 年的 CFPS 截面数据进行了实证分析。此外，也是由于 2010 年 CFPS 数据所含农业生产相关变量较少，本书没有根据计量分析所需变量进行删减，故 2010 年 CFPS 数据保留样本量多于 2012 年 CFPS 数据。

中国农业适度规模经营问题研究

表 5 - 1   2010 年和 2012 年农户参与土地流转的情况

(单位：户)

年份	总户数	转入户	转出户
2010	7133	1154	362
2012	6543	1161	358

表 5 - 2 展示了 2010 年和 2012 年各地区土地流转情况与土地单位产出比的关系，从中可以看出，2012 年全国参加土地流转的农户比例高于 2010 年。其中，全国转入户从 2010 年的 16.19% 上升到 2012 年的 17.74%，转出户从 2010 年的 5.07% 上升到 2012 年的 5.47%。由于样本数据仅有两年之差，所以农户参与土地流转比例的上升速度不高，但从整体上看，参与土地流转的农户比例存在增长的趋势。

表 5 - 2   2010 年和 2012 年各地区土地流转情况与土地单位产出比的关系

地区	转入（%）	转出（%）	单位土地产出（元）
2010 年			
全国	16.19	5.07	483.36
河北	5.93	3.23	680.09
山西	5.05	2.15	576.68
浙江	1.10	0.27	392.41
安徽	1.39	3.49	468.08
江西	4.17	5.11	536.49
河南	13.03	12.37	804.81
湖南	4.69	2.69	302.21
重庆	0.73	1.34	88.47
四川	2.20	5.91	361.37
2012 年			
全国	17.74	5.47	663.74
河北	5.34	5.31	587.94
山西	4.31	1.68	517.64
浙江	0.69	1.12	332.79
安徽	0.95	1.68	443.97
江西	2.33	3.07	314.53

地区	转入（%）	转出（%）	单位土地产出（元）
2012 年			
河南	11.02	10.89	739.70
湖南	2.07	3.07	418.28
重庆	0.17	1.12	276.78
四川	1.38	5.03	354.67

注：（1）根据 2010 年 CFPS 数据和 2012 年 CFPS 数据统计分析整理；（2）2010 年 CFPS 数据样本量为 7133 户，2012 年 CFPS 数据样本量为 6543 户。

从表 5 - 2 可以看出，对比邻近地区，2010 年和 2012 年土地流转和单位产出具有一个相似的特征，即土地流转参与率高的地区往往土地的亩均产出也较高。这可能是由于农户间的农业生产条件具有差异性，土地在农户间进行流转相当于一个资源再分配的过程，参与流转后的农户拥有一个相对适度的土地经营规模，更有利于农户进行农业生产的合理配置，进而增加农业单位产出。总之，数据的统计描述给我们提供的直觉是土地流转与农业生产效率可能有一定联系。①

第三节　实证检验

本章在计算农业生产效率时所用到的是随机前沿产出分析模型，即不考虑配置效率与规模效率的前提下，当投入与技术水平一定时，估计出最大可能产出前沿面，而技术无效率导致了实际产出低于最大可能产出面，由此可计算出技术无效率的对立面技术效率，即本章的农业生产效率。随机前沿产出分析模型理论上分为两部分：一是随机前沿生产函数模型，主要通过设定生产函数的具体形式，基于农业的投入产出估计出最大产出前沿面，为了研究结果的进一步深化，本章

---

① 由于 2010 年 CFPS 数据中无法获得家庭参与农业生产的人数，故无法计算劳动生产效率。

用亩均总产值（土地产出率）和劳均总产值（劳动生产率）两个指标分别代理产出变量，代表了以土地产出率为产出目标的生产效率和以劳动生产率为产出目标的生产效率，试图观察土地转入和土地转出分别对以土地产出率为产出目标的生产效率和以劳动生产率为产出目标的生产效率带来的影响，并找出各自的土地适度规模经营区间。二是技术效率模型，本章加入了研究关注的核心解释变量：土地流转、土地经营规模分组和二者的交互项，以及其他可能影响技术无效率的控制变量。

一、随机前沿生产函数模型

根据相关文献（Aigner 等，1977；Meeusen 和 Broeck，1977），设定如下的模型：

$$Y_i = f(X_i, \beta) \exp (v_i - \mu_i) \qquad (5-10)$$

在模型中，农业的产出用 Y_i 表示，而投入的农业生产要素用 X_i 表示，不同的农户样本用 i 表示，β 为模型参数，$f(\cdot)$ 为农业生产函数。在模型中，ε_i 是随机扰动项，由两个组成部分，分别是随机误差项 v_i 与非负误差项 μ_i，它们分别代表统计误差与技术无效率。由此，SFA 的技术效率定义为：

$$TE_i = \exp(-\mu_i) = \frac{Y_i}{f(x_i, \beta) \exp (v_i)} \qquad (5-11)$$

在已知技术无效率项的函数分布时，式（5-11）可计算出样本技术效率损失的平均值，然而不可以计算出每一个样本的技术效率损失值。因为它的计算逻辑是通过参数估计得到随机扰动项的值，进一步再计算出统计误差与技术无效率项，这只能得到样本的均方技术无效率项。约翰德罗等（1982）为了解决这一难题，重新设定了技术效率的公式，$TE_i = \exp[E(\mu_i / \varepsilon_i)]$，模型中的 $E(\mu_i / \varepsilon_i)$ 遵循半正态分布。基于此，我们假设 v_i 服从正态分布，即 $N(0, \sigma_v^2)$，μ_i 独立于 v_i，且 μ_i 服从半正态分布，即 $N^+(m_i, \sigma_\mu^2)$，从而技术效率可以用

$\exp[\,E(-\mu_i)\,]$ 表示。[①]

柯布—道格拉斯生产函数和超越对数生产函数是常用做设定生产函数的两种模式。C－D 函数只考虑了资本（K）与劳动力（L）投入时的情况，具体可表示为：

$$\ln Y = \beta_0 + \beta_1 \ln K + \beta_2 \ln L \qquad (5-12)$$

其中，β_0、β_1 和 β_2 为待估参数。

Translog 函数本质上与 C－D 函数是相同的，它仅是 C－D 函数的另一种表达形式，即 C－D 函数在原点处的泰勒展开式，Translog 函数的表达式如下：

$$\ln Y = \beta_0 + \beta_1 \ln K + \beta_2 \ln L + \beta_3 (\ln K)^2 + \beta_4 (\ln L)^2 + \beta_5 \ln K \times \ln L$$
$$(5-13)$$

C－D 函数与 Translog 函数各自具有优点，前者的参数可以直接表示要素投入的生产弹性，而后者则将要素间的相互影响考虑在内，这弥补了 C－D 函数将要素间的替代弹性固定为 1 的不足。但是，究竟选择哪种生产函数，应基于客观的计量检验结果作出合理判断。因此，本书做了模型选择的计量检验分析，先假设模型为 Translog 函数，然后设定原假设为 $\beta_3 = \beta_4 = \beta_5 = 0$，做似然比的回归检验，结果显示，在 1% 的显著性水平上拒绝原假设，表明应该选用 Translog 函数作为生产函数的估计模型。[②]

Translog 函数的具体形式如下：

$$\ln Y_i = \beta_0 + \beta_1 \ln L_i + \sum_j^n \beta_j \ln K_{j,i} + \sum_j^n \beta_{jj} (\ln K_{j,i})^2 + \beta_2 (\ln L_i)^2 +$$
$$\sum_j^n \sum_k^n \beta_{jk} \ln K_{j,i} \times \ln L_i + \sum_j^n \sum_{j-1}^n \beta_{j(j-1)} \ln K_{j,i} \times \ln K_{j-1,i} + \upsilon_i + \mu_i$$
$$(5-14)$$

农户的亩均土地产出或劳动产出用 Y_i 表示，即有两个方程，另一

个是以亩均土地总产值为被解释变量[1]，另一个是以家庭劳均总产值为被解释变量，所有变量的自然对数取值用 $\ln(\cdot)$ 表示；农业生产所需要的所有劳动力总投入用 L_i 表示；$K_{j,i}$ 为农户 i 的第 j 项农业资本投入，包括前面列出的种子化肥、雇佣劳动力、机械灌溉和运输燃料的投入；$(\ln K_{j,i})^2$、$(\ln L_i)^2$ 分别为第 j 项农业资本投入、劳动力投入自然对数的平方项，农业生产过程中需要的所有资本与劳动力投入的交互项对数值用 $\ln K_{j,i} \times \ln L_i$ 表示；而投入每一种资本之间的交互项用 $\ln K_{j,i} \times \ln K_{j-1,i}$ 表示。

二、技术效率模型

$$\mu_i = \pi_0 + \pi_1 R_i + \sum_{n=1}^{6} \eta_n Scalabledummy_{in} + \sum_{n=1}^{6} \delta_n R_i \times Scalabledummy_{in} +$$

$$\sum \gamma_k C_{ik} + \sum_{m=1}^{5} \varepsilon_m Regionaldummy_{im} + \varepsilon_i \qquad (5-15)$$

其中，μ_i 为农户 i 的农业技术无效率项。R_i 为农户 i 是否转入土地（0 = 不流转，1 = 转入户）或者是否转出土地（0 = 不流转，1 = 转出户），分别对应两个方程。$Scalabledummy_{in}$ 代表土地规模经营的一组虚拟变量，反映不同土地规模经营对技术无效率的影响，主要划分 0—10 亩、10—20 亩、20—40 亩、40—80 亩、80—120 亩、120—200 亩 6 个组别，其中以 0—10 亩为对照组，用 "0" 表示农户所属规模组别，其余组别用 "1" 表示[2]（李文明等，2016）。$R_i \times Scalabledummy_{in}$ 表示土地流转情况和不同土地规模的交互项，用来识别流转后农业技术效率最优的土地经营规模区间。C_{ik} 表示家庭特征变量，家庭特征有以下这些变量：农户家庭人口的规模数量，这里按照国家统一的定义方式，指在家居住时间不小于 6 个月的居民户口簿上的成员，家庭劳动

---

[1] 最基本的农业生产效率有劳动生产率和土地产出率两种表现形式，由于二者分别从两个方面反映了农业生产效率水平，一个是劳动力，另一个是土地资源，所以本书将二者作为被解释变量分别观察农地流转对其的影响。

[2] 本书样本中，位于 0—10 亩、10—20 亩、20—40 亩、40—80 亩、80—120 亩和120—200 亩的农户分别占总样本的 19.40%、51.20%、23.10%、4.40%、0.85% 和 0.68%。

力定义为年龄处于16—60岁之间的家庭成员，小于等于16岁的定义为小孩，大于等于60岁的定义为老人，性别上则分为男性和女性。其余农户家庭特征变量还包括家庭平均劳动力年龄、家庭平均劳动力受教育程度和家中是否有农用机械。本书选取以上家庭控制变量主要出于以下几点考虑：首先，家庭务农人口是重要的劳动力来源，直接影响农业生产效率，此外，还有研究表明，农户的家庭人口结构对农业生产效率也具有重要影响；其次，农户家庭的平均受教育程度和平均年龄对农户家庭农业生产的技术和经验指导具有重要作用，进而对农业生产效率具有决定性影响；最后，由于农业属于季节性生产活动，农户是否拥有农用机械设备对农业生产的及时性具有很大影响，同时也在一定程度上表征了农户的家庭财力，这对农业生产效率具有关键影响。$Regional dummy_{im}$ 代表农户所在村庄地貌特征的虚拟变量，意义在于控制住不同地形地貌对农业技术无效率的干扰，因为不同地形下农业种植的品种、耕地方式以及农业生产受到的气候影响都是有差异的，这里主要分为丘陵山区、高山、高原、平原、草原和渔村六类，其中以丘陵山区为对照组，用"0"表示控制组，用"1"表示对照组（见表5－3）。

表5－3　变量的描述性统计

变量名	含义及单位	观测值	平均值	标准差
亩均总产值	每亩土地的总产值（元）	6513	663.74	1491.92
劳均总产值	家庭人均劳动力的总产值（元/人）	6490	5742.84	12320.16
转入土地	是否转入土地：是=1，否=0	6539	0.18	0.38
转出土地	是否转出土地：是=1，否=0	6496	0.06	0.23
经营10—20亩的农户	是=1，否=0	6513	0.51	0.50
经营20—40亩的农户	是=1，否=0	6513	0.23	0.42
经营40—80亩的农户	是=1，否=0	6513	0.04	0.20
经营80—120亩的农户	是=1，否=0	6513	0.01	0.09
经营120—200亩的农户	是=1，否=0	6513	0.01	0.08
家庭农业劳动力	每亩土地投入的家庭劳动力（日）	4719	8.09	23.33
种子化肥农药费用	每亩土地投入的种子等费用（元）	6513	183.04	363.55

变量名	含义及单位	观测值	平均值	标准差
雇佣劳动力	每亩土地投入的雇佣劳动力（元）	6513	32.36	161.15
机械灌溉服务费用	每亩土地投入的机械灌溉等费用（元）	6513	23.07	94.77
运输燃料等费用	每亩土地投入的燃料等费用（元）	6513	12.75	76.61
家庭人口规模	农户家庭人口数（人）	6543	4.58	1.83
小孩比例	小孩占家庭人口的比例（%）	6543	33.62	4.60
老人比例	老人占家庭人口的比例（%）	6543	44.83	28.62
女性劳动力比例	家庭中女性劳动力占总劳动力比例（%）	6543	26.23	17.01
劳动力平均年龄	家庭劳动力平均年龄（岁）	5923	39.12	7.99
劳动力平均受教育程度	家庭劳动力平均受教育年限（年）	5923	6.14	3.38
农用机械虚拟变量	有=1，否=0	6305	0.44	0.50
村庄地貌特征	高山、高原、平原、草原和渔村=1，丘陵山区=0	6543	2.19	1.05

第四节 检验结果探讨

基于以上构建的土地转入与转出的随机前沿生产函数模型所得结果，作出如下具体分析。

一、土地转入的随机前沿生产函数结果分析

（一）随机前沿函数的结果分析

表5-4的前半部分列出了随机前沿生产函数的估计结果，其中，表5-4第（1）列和第（2）列的被解释变量为劳均总产值，表5-4第（3）列和第（4）列的被解释变量为亩均总产值。为了检验估计结果的真实性，我们对比了加入控制变量前后模型估计结果的差异大小，如果两个模型的结果差别不大，则估计结果基本可信，因此我们分别

估计了四个模型。① 其中，表5-4第（1）列和第（3）列未控制农户家庭特征变量，表5-4第（2）列和第（4）列为全变量模型。从结果可以看出，是否控制农户家庭特征对生产函数估计的差异较小，原因在于产出主要随投入要素的变化而变化，而农户特征主要对农业生产的技术效率影响较大。其次，比较劳动力投入系数和各项资本投入系数可以看出，在表5-4第（2）列以劳均总产值作为被解释变量的模型中，相较于资本对农业产出的影响，家庭劳动力对农业产出的影响程度更大，即增加相同比例的劳动力与资本的数量，劳动力可以更明显地提高劳均产值。而表5-4第（4）列以亩均总产值作为因变量的模型所得结果正好相反，即与家庭劳动力投入相比，资本要素的投入对亩均总产值的影响更大，可能的原因是增加实物资本的投入对提高土地产出具有直接作用。

表5-4　土地转入的随机前沿分析估计结果

投入要素的对数值	随机前沿生产函数模型			
	被解释变量：劳均总产值（元/人）		被解释变量：亩均总产值（元/亩）	
	(1)	(2)	(3)	(4)
家庭劳动力	0.316*** (0.047)	0.318*** (0.052)	0.072* (0.039)	0.075* (0.043)
种子化肥农药费用	0.097** (0.044)	0.083* (0.048)	0.220*** (0.040)	0.236*** (0.043)
雇佣劳动力	0.105*** (0.035)	0.077** (0.038)	0.095*** (0.029)	0.071** (0.032)
机械灌溉服务费用	0.124*** (0.040)	0.113** (0.044)	0.136*** (0.032)	0.157*** (0.035)
运输燃料等费用	0.129*** (0.048)	0.123** (0.050)	0.074* (0.041)	0.062 (0.042)
各投入要素的平方项是否控制	是	是	是	是

---

① 在估计土地转出时我们出于同样的考虑也估计了四个模型。

续表

变量名	技术无效率函数模型（被解释变量：技术无效率项）			
	（1）	（2）	（3）	（4）
各投入要素间的交互项是否控制	是	是	是	是
常数项	7.552*** （0.097）	7.579*** （0.104）	5.237*** （0.095）	5.320*** （0.102）
T值	20.86	20.68	21.87	20.72
P值	0.000	0.000	0.000	0.000
转入户	−0.586 （0.523）	−0.651 （0.543）	−1.348** （0.627）	−1.309** （0.660）
经营土地10—20亩	−0.875*** （0.068）	−0.854*** （0.078）	−0.540*** （0.068）	−0.413*** （0.078）
经营土地20—40亩	−2.036*** （0.123）	−2.050*** （0.134）	−0.759*** （0.098）	−0.638*** （0.108）
经营土地40—80亩	−3.212*** （0.444）	−3.224*** （0.501）	−0.292* （0.176）	−0.108 （0.191）
经营土地80—120亩	−59.345 （1373644.5）	−62.569 （4109300.1）	−0.079 （0.338）	0.204 （0.366）
经营土地120—200亩	−60.531 （1377606.6）	−62.759 （2485454.6）	1.167 （0.324）	1.468 （0.337）
转入与10—20亩交互项	0.033 （0.555）	0.022 （0.581）	1.227* （0.649）	1.116 （0.686）
转入与20—40亩交互项	1.135** （0.540）	1.304** （0.562）	1.728*** （0.637）	1.781*** （0.670）
转入与40—80亩交互项	2.112*** （0.703）	2.351*** （0.758）	1.554** （0.664）	1.529** （0.700）
转入与80—120亩交互项	−4.515 （3961170.2）	−3.812 （8786299.9）	1.137 （0.839）	1.225 （0.879）
转入与120—200亩交互项	−4.805 （4824876.2）	−0.941 （4350331.6）	−0.256 （0.980）	−0.397 （1.014）
家庭人口规模	—	0.115*** （0.021）	—	0.003 （0.020）

续表

变量名	技术无效率函数模型（被解释变量：技术无效率项）			
	（1）	（2）	（3）	（4）
小孩占比	—	0. 072 （0. 588）	—	0. 389 （0. 545）
老人占比	—	− 0. 475 *** （0. 183）	—	− 0. 481 *** （0. 168）
家庭投入农业劳动力中女性的占比	—	− 1. 122 *** （0. 248）	—	− 1. 384 *** （0. 222）
家庭劳动力平均年龄	—	− 0. 012 *** （0. 004）	—	− 0. 012 *** （0. 004）
家庭劳动力平均受教育程度	—	− 0. 006 （0. 010）	—	− 0. 014 （0. 009）
农用机械虚拟变量	—	− 0. 416 *** （0. 063）	—	− 0. 372 *** （0. 059）
常数项	1. 406 *** （0. 069）	1. 966 *** （0. 266）	0. 754 *** （0. 068）	1. 768 *** （0. 249）
村庄地貌虚拟变量	是	是	是	是
似然对数	− 5728. 669	− 4968. 640	− 5051. 044	− 4351. 272
观测值	4404	3841	4421	3854

注：（1）***、** 和 * 分别表示在1%、5%和10%的显著性水平上显著；（2）括号内为稳健标准误；（3）村庄地貌虚拟变量：将村庄分为丘陵山区、高山、高原、平原、草原和渔村六类，其中以丘陵山区为对照组，用"0"表示村庄所属组别，用"1"表示其他组别；（4）随机前沿生产函数模型中的被解释变量均取了对数值。

（二）技术效率模型的结果分析

土地转入的技术效率模型由表5－4的下半部分呈现。对结果分析如下。

以劳均总产值和亩均总产值作为因变量的模型中，加入农户家庭控制变量后与原模型估计结果并无太大差异，因此接下来主要解读加入控制变量后模型的估计系数，即表5－4第（2）列和第（4）列。首先，从表5－4第（2）列的回归系数可以看出，土地转入对技术无效率没有显著影响，即表明土地转入对以劳动生产率为产出目标的生产效率没有显著影响。进一步地，在解读农户参与土地转入后的适度规模经营范围时需要考虑三个数值，分别是土地规模经营分组区间的估计系数、是否转入土地与土地规模经营分组区间交互项的估计系数以及土地规模经营分组区间的均值。可以看出发生土地转入后，农户经营的土地规模区间处于10—20亩、20—40亩和40—80亩三个区间时在1%的显著性水平上对技术无效率具有显著影响，而经营80亩以上的土地规模对技术无效率的影响是不显著的。通过计算得出，农户经营10—20亩、20—40亩和40—80亩的土地规模区间对技术无效率的影响系数分别是−0.843、−1.749和−3.121[1]，说明与0—10亩的土地规模经营区间对照组相比，转入土地的农户在这三个经营区间内均在1%的显著性水平上降低了技术无效率，即提高了农业生产效率，但是从影响系数的大小来看，20—40亩这个区间的土地规模经营区间对降低技术无效率的程度最大，即提高农业生产效率的水平最高，因此，可以将20—40亩的土地规模经营区间作为农户转入土地后的最优规模经营区间，即土地适度规模经营区间。其次，从表5-4第（4）列的估计系数可以看出，土地转入对技术无效率在5%的显著性水平上有正向影响，即土地转入对以土地产出率为产出目标的生产效率有显著的积极影响。进一步，农户转入土地后，土地经营规模处于10—20亩或20—40亩这两个区间时，均可在1%的显著性水平上影响技术无效率，但40亩以上的土地规模经营区间对技术无效率并没有显著影响。通过计算得出，农户转入土地后，经营的土地规模处于10—20亩和20—40亩区间对技术无效率的影响系数分别是0.160和−0.663[2]，表明转入土地后农户经营10—20亩的土地规模并没有降低技术无效率，而经营20—40亩的土地规模在1%的显著性水平上降低了技术无

---

[1] 土地规模经营区间对技术无效率影响的估计系数＝土地规模经营区间的估计系数＋是否转入土地与土地规模经营区间交互项的估计系数×土地规模经营区间的均值。例如，−0.843＝−0.854＋0.022×0.513；−1.749＝−2.050＋1.304×0.231；−3.121＝−3.224＋2.351×0.044。
[2] 计算方法与之前相同，0.160＝−0.413＋1.116×0.513；−0.663＝−0.638−0.108×0.231。

效率，即提高了农业生产效率。综上所述，土地转入对以农业生产率为产出目标的生产效率没有显著影响，却可以显著提高以土地产出率为产出目标的生产效率，此外，若以两种生产效率最大化为目标，则农户转入土地后的适度规模经营区间是20—40亩。

家庭人口规模和小孩占比对农业生产效率有负向影响，可能的原因是家庭人口规模越大，就会有更多闲余的劳动力投入到农业生产中去，使农业生产过于精耕细作了，反而不利于提高农业生产效率；家庭成员中的小孩占比越高，需要用于照看小孩的时间就越多，可能会导致投入家庭劳动力不足而对农业生产效率带来负面影响。家庭劳动力平均年龄和平均受教育程度代表了农户家庭的耕作经验，他们对农业生产效率产生积极影响，与此相似的是，老人占比在模型中也对农业生产效率带来正向作用，这可能也与生产经验可以避免部分技术无效率的生产行为有关；女性青壮年劳动力的占比对农业生产效率具有正向作用，可以看出在农业劳作过程中，女性劳动力发挥着重要作用；拥有农用机械对农业生产效率也具有明显的正向作用，这是因为，如果农户自行拥有机械设备，在农业生产过程中可以及时地用于生产的必需环节，自然会提高农业生产效率。

二、土地转出的随机前沿生产函数结果分析

由于我们主要关心土地转入与农业生产效率的关系以及土地适度规模经营区间，加上土地转出的随机前沿生产模型的变量估计系数与土地转入的随机前沿生产模型相似，故本部分直接解释土地转出技术效率模型的估计结果。同样，表5-5第（2）列和第（4）列显示了加入所有控制变量后系数的估计结果，其与未加入控制变量的表5-5第（1）列和第（2）列没有显著差异，因此，解读系数含义时主要参考表5-5第（2）列和第（4）列的估计结果。首先，从表5-5第（2）列可以看出，农户转出土地对技术无效率具有显著影响。农户转出土地后，经营规模处于10—20亩和20—40亩的区间时分别在1%和5%的显著性水平上对

技术无效率产生影响，而经营的土地规模大于 40 亩以上时则没有显著影响，具体地，通过计算得出，农户转出土地后这两个经营区间对技术无效率的影响分别是 - 0.930 和 - 1.292①。表明农户转出土地后经营的土地规模处于 10—20 亩和 20—40 亩的区间时分别可在 1% 和 5% 的显著性水平上降低技术无效率性，但综合来看，10—20 亩的经营区间是最优的，因为这个区间对技术无效率影响的显著性更高，且影响系数与 20—40 亩的影响系数差异并不大。其次，从表 5 - 5 第（4）列可以看出，在 1% 的显著性水平上，土地转出同样对以土地产出率为产出目标的生产效率具有积极影响。农户转出土地后，经营规模位于 10—20 亩和 20—40 亩的区间时均在 1% 的显著性水平上对技术无效率产生影响，而经营规模在 40 亩以上时则对技术无效率没有显著影响，进一步，计算得出农户转出土地后经营 10—20 亩和 20—40 亩的区间时对技术无效率的影响系数分别为 - 1.213 和 0.032②，表明农户转出土地后，10—20 亩的经营区间可在 1% 的显著性水平上降低技术无效率，而 20—40 亩的经营区间并不能够降低技术无效率。综上可知，农户转出土地对以劳动生产率为产出目标的生产效率和以土地产出率为产出目标的生产效率均具有显著的正向作用，并且从两种生产率为产出目标的生产效率最优化来看，农户转出土地后的适度规模经营区间为 10—20 亩。最后，家庭控制变量的估计系数与土地转入模型的基本相似，这里就不再作解释。

表 5 - 5　土地转出的随机前沿分析估计结果

投入要素的对数值	随机前沿生产函数模型			
	被解释变量：劳均总产值（元/人）		被解释变量：亩均总产值（元/亩）	
	(1)	(2)	(3)	(4)
家庭劳动力	0.304 *** (0.049)	0.302 *** (0.054)	0.100 *** (0.037)	0.099 ** (0.041)

① 计算方法与之前相同， - 0.930 = - 0.761 - 0.329 × 0.513; - 1.292 = - 1.638 + 1.499 × 0.231。
② 计算方法与之前相同， - 1.213 = - 0.577 - 1.239 × 0.513; 0.032 = - 0.59 + 2.691 × 0.231。

续表

投入要素的对数值	随机前沿生产函数模型			
	被解释变量：劳均总产值（元/人）		被解释变量：亩均总产值（元/亩）	
	(1)	(2)	(3)	(4)
种子化肥农药费用	0.120 ***	0.109 **	0.215 ***	0.230 ***
	(0.045)	(0.049)	(0.039)	(0.043)
雇佣劳动力	0.097 ***	0.077 **	0.092 ***	0.069 **
	(0.036)	(0.039)	(0.028)	(0.031)
机械灌溉服务费用	0.099 **	0.082 *	0.138 ***	0.156 ***
	(0.041)	(0.045)	(0.031)	(0.034)
运输燃料等费用	0.128 **	0.130 **	0.073 *	0.064
	(0.050)	(0.052)	(0.041)	(0.043)
各投入要素的平方项是否控制	是	是	是	是
各投入要素间的交互项是否控制	是	是	是	是
常数项	7.626 ***	7.658 ***	5.249 ***	5.336 ***
	(0.097)	(0.104)	(0.094)	(0.101)
T 值	20.58	20.32	22.01	20.84
P 值	0.000	0.000	0.000	0.000
变量名	技术无效率函数模型（被解释变量：技术无效率项）			
	(1)	(2)	(3)	(4)
转出户	-0.394 ***	-0.461 ***	-0.933 ***	-0.934 ***
	(0.134)	(0.151)	(0.158)	(0.182)
经营农地 10—20 亩	-0.794 ***	-0.761 ***	-0.690 ***	-0.577 ***
	(0.074)	(0.085)	(0.073)	(0.084)
经营农地 20—40 亩	-1.693 **	-1.638 **	-0.756 ***	-0.590 ***
	(0.099)	(0.111)	(0.085)	(0.096)
经营农地 40—80 亩	-2.011	-1.850	-0.285 **	-0.097
	(0.189)	(0.195)	(0.129)	(0.139)
经营农地 80—120 亩	-62.365	-59.579	-0.230	0.097
	(1943912.4)	(1143948.7)	(0.285)	(0.300)
经营农地 120—200 亩	-63.588	-60.904	0.925	1.214
	(2154877.2)	(1204397.4)	(0.308)	(0.321)

续表

投入要素的对数值	技术无效率函数模型（被解释变量：技术无效率项）			
	（1）	（2）	（3）	（4）
转出与10—20亩交互项	-0.370 (0.321)	-0.329 (0.368)	-1.148*** (0.323)	-1.239*** (0.366)
转出与20—40亩交互项	1.523*** (0.439)	1.499*** (0.492)	2.710*** (0.430)	2.691*** (0.486)
转出与40—80亩交互项	0.102 (1.525)	0.026 (1.530)	1.598 (1.095)	1.818* (1.100)
转出与80—120亩交互项	0.321 (8706353.5)	0.630 (11926328)	0.715 (1.220)	0.797 (1.707)
转出与120—200亩交互项	0.480 (7771954.9)	2.171 (6515488.8)	0.447 (0.934)	0.526 (0.943)
家庭人口规模	—	0.113*** (0.021)	—	0.014 (0.020)
小孩占比	—	0.080 (0.580)	—	0.328 (0.544)
老人占比	—	-0.585*** (0.183)	—	-0.639*** (0.168)
女性青壮年劳动力占比	—	-1.221*** (0.247)	—	-1.446*** (0.223)
家庭劳动力平均年龄	—	-0.012*** (0.004)	—	-0.013*** (0.004)
家庭农业投入劳动力的平均受教育年限	—	-0.005 (0.010)	—	-0.008 (0.009)
农用机械虚拟变量	—	-0.394*** (0.063)	—	-0.357*** (0.059)
常数项	1.313*** (0.074)	1.942*** (0.267)	0.869*** (0.072)	1.956*** (0.252)
村庄地貌虚拟变量	是	是	是	是
似然对数	-5705.772	-4953.986	-5008.027	-4322.074
观测值	4385	3826	4402	3839

注：（1）***、**和*分别表示在1%、5%和10%的显著性水平上显著；（2）括号内为稳健标准误差；（3）村庄地貌虚拟变量：将村庄分为丘陵山区、高山、高原、平原、草原和渔村六类，其中以丘陵山区为对照组，用"0"表示村庄所属组别，用"1"表示其他组别。

综合以上分析，我们得出两点结论：一是土地转入对提高以土地产出率为产出目标的生产效率具有正向作用，但对以农业生产率为产出目标的生产效率没有显著影响；土地转出可以同时提高以两种生产率为产出目标的生产效率。二是农户参与土地流转后存在一个土地适度规模经营区间使农业生产效率处于最优水平。农户转入土地后，两种生产率为产出目标的生产效率最优时均显示土地适度规模经营的区间是20—40亩，农户转出土地后，则表明土地适度规模经营的区间是10—20亩。

小　结

通过土地流转形成土地适度规模经营对提高我国农业生产效率具有重要意义。本章首先梳理了我国土地流转的发展历程，基于宏观政策背景构建农户的土地流转模型，并提出两个理论假说，然后通过对比2010年和2012年CFPS数据中农户样本的土地流转情况，观察土地流转的发展趋势及其与土地产出率的简单联系，继而利用2012年CFPS数据的农户样本建立随机前沿分析模型对理论假说与统计分析得出的简单猜想进行实证检验。研究了土地流转对农业生产效率的影响，并在此基础上探索了农业生产效率达到最优化水平时的土地适度规模经营区间。

结果表明土地转入对提高以土地产出率为产出目标的生产效率具有正向作用，但对以劳动生产率为产出目标的生产效率没有显著影响；土地转出可以同时有效提高以土地产出率为产出目标的生产效率和以劳动生产率为产出目标的生产效率。进一步研究表明，完成土地转入后，20—40亩是农户的适度规模经营区间，在该经营区间内以两种生产率为产出目标的生产效率均处于最优化水平；实现土地转出后，农业生产效率达到最优时的土地适度规模经营区间为10—20亩。

第六章　农业生产性服务业在农业适度规模经营中的作用

　　前文的理论机制分析已经得到除土地要素外，劳动力要素、资本要素同样是农业适度规模经营的另一种发展思路，与此同时，2017年"中央一号文件"提出加快发展土地流转型和农业服务带动型的多元化农业适度规模经营，归根结底农业服务带动型适度规模经营的本质便是劳动力与资本要素的优化配置。早在1879年，马歇尔（Marshall）就指出辅助性产业可以为农业生产提供机械耕作和收割的服务，因此，发展辅助性产业是促进农业劳动分工，进而提高农业生产效率的重要方式，但马歇尔并未赋予这一辅助产业明确的含义。黄佩民等（1996）也在其研究中认为农业社会化服务是在资本主义制度背景下产生的，是"许多分散的生产过程融合成一个社会生产过程"①，但"农业社会化服务"的内涵却是随着我国农村地区的发展而逐步丰富与成形的。自1978年实行家庭联产承包责任制后，我国农村的商品经济得到了快速发展，并逐步产生了对社会服务的需求和供给；1983年，"农业服务公司"开始出现，到1985年"农业社会化服务"这个概念才得到了明确定义。随后，国内很多学者认为农业生产性服务和农业社会化服务具有相同的内容，故又称"农业社会化服务"为"农业生产性服务"（韩坚、尹国俊，2006；姜长云，2016）。

　　本章具体以农业生产性服务业为研究对象，按照提高农业生产效率的目标，分析农业生产性服务业在适度规模经营中的作用。此外，

---

　　① 《列宁全集》第1卷，人民出版社2013年版，第145页。

前文已经得出土地规模与农业生产效率呈倒"U"形曲线关系，在曲线右侧农业生产效率随土地规模的扩大而下降，本书猜想是由于农业机械化水平不能满足土地规模的持续扩大，这时引入农业生产性服务业可能可以弥补农业机械化水平的滞后，即加强土地适度规模提升农业生产效率的作用。因此，本章从农业服务的专业化和规模化两个角度探讨农业生产性服务业与农业生产效率的关系。我国的农业经营规模化之路不能简单地从扩大农户承包土地的规模来考虑，也需要从发展农业生产经营的社会化服务来破解（薛亮，2008）。

第一节　生产性服务与适度规模经营的理论逻辑

本章基于菲德尔（1985）的两部门模型，分析农业生产性服务业对农业产出的溢出效应，并通过溢出效应体现其对农业生产效率的传导机制。

假设一：第一产业只有两个部门，分别是农业部门和农业生产性服务业部门。具体可表示为：

$$P = N + F \qquad (6-1)$$

在模型中，P、N、F分别代表了第一产业、农业部门与农业生产性服务业部门各自的产出量。

假设二：农业生产性服务业对农业生产效率会产生一个溢出效应。具体表示为：

$$N = N(Z_N, L_N, F) \qquad (6-2)$$

$$F = F(Z_F, L_F) \qquad (6-3)$$

$$Z = Z_N + Z_F, L = L_N + L_F \qquad (6-4)$$

其中，Z、L，Z_N、L_N，Z_F、L_F分别代表了第一产业资本和劳动的总输入，农业部门输入的总资本和总劳动力，农业生产性服务业部门输入的总资本和总劳动力；F为农业生产性服务业部门的服务总输出。

假设三：要素边际生产率在农业部门和农业生产性服务业部门之间是不同的，且这个差值为δ。进而可将农业部门和农业生产性服务业部门的要素边际生产率关系表示为如下形式：

$$\frac{\partial F/\partial Z_F}{\partial N/\partial Z_N} = \frac{\partial F/\partial L_F}{\partial N/\partial L_N} = 1 + \delta \qquad (6-5)$$

农业生产性服务业部门的资本与劳动的边际产出分别用 $\partial N/\partial Z_N$、$\partial N/\partial L_N$ 表示；$\partial F/\partial Z_F$、$\partial F/\partial L_F$ 则分别表示资本和劳动在农业生产性服务业部门的边际产出。$\delta > 0$、$\delta = 0$、$\delta < 0$ 分别代表农业生产性服务业部门和农业部门的边际要素生产率满足的条件。

假设四：农业生产性服务业部门对农业部门的影响弹性始终不发生变化，且弹性系数用 ζ 表示。那么弹性系数可以表示成如下形式：

$$\delta = \frac{\partial F}{\partial N}\frac{N}{F} \qquad (6-6)$$

所以有 $\frac{\partial F}{\partial N} = \zeta\frac{N}{F}$。

进一步，我们求式（6-1）、式（6-2）、式（6-3）的全微分，得到如下结果：

$$dP = dN + dF \qquad (6-7)$$

$$dN = \frac{\partial N}{\partial Z_N}dZ_N + \frac{\partial N}{\partial L_N}dL_N + \frac{\partial N}{\partial F}dF \qquad (6-8)$$

$$dF = \frac{\partial F}{\partial Z_F}dZ_F + \frac{\partial F}{\partial L_F}dL_F \qquad (6-9)$$

$\partial N/\partial F$ 为农业部门对农业生产性服务业部门的边际产出，这可体现农业生产性服务业部门对农业部门产生的溢出效应。

接下来对式（6-4）进行全微分求解，得到如下表达式：

$$dZ = dZ_N + dZ_F, \ dL = dL_N + dL_F \qquad (6-10)$$

对式（6-5）进行变形可得到：

$$\frac{\partial F}{\partial Z_F} = (1+\delta)\frac{\partial N}{\partial Z_N}, \ \frac{\partial F}{\partial L_F} = (1+\delta)\frac{\partial N}{\partial L_N} \qquad (6-11)$$

将式（6-8）、式（6-9）代入式（6-7），得：

$$dP = \frac{\partial N}{\partial Z_N}dZ_N + \frac{\partial N}{\partial L_N}dL_N + \frac{\partial F}{\partial Z_F}dZ_F + \frac{\partial F}{\partial L_F}dL_F + \frac{\partial N}{\partial F}dF$$

$$(6-12)$$

将式（6-11）代入式（6-12），整理后得：

$$dP = \frac{\partial N}{\partial Z_N}[dZ_N + (1+\delta)dZ_F] + \frac{\partial N}{\partial L_N}[dL_N + (1+\delta)dL_F] + \frac{\partial N}{\partial F}dF$$

$$(6-13)$$

将式（6-10）代入式（6-13），整理后得：

$$dP = \frac{\partial N}{\partial Z_N}dZ + \frac{\partial N}{\partial L_N}dL + \frac{\partial N}{\partial Z_N}\omega dZ_F + \frac{\partial N}{\partial L_N}\delta dL_F + \frac{\partial N}{\partial F}dF$$

$$(6-14)$$

随后将变形后的式（6-11）代入式（6-14），得到如下表达式：

$$dP = \frac{\partial N}{\partial Z_N}dZ + \frac{\partial N}{\partial L_N}dL + (\frac{\delta}{1+\delta} + \frac{\partial N}{\partial \delta})dF \quad (6-15)$$

将式（6-15）两边同时除以 P，整理后得：

$$\frac{dP}{P} = \frac{\partial N}{\partial Z_N}\frac{Z}{P}\frac{dZ}{Z} + \frac{\partial N}{\partial L_N}\frac{L}{P}\frac{dL}{L} + (\frac{\delta}{1+\delta} + \frac{\partial N}{\partial F})\frac{F}{P}\frac{dF}{F} \quad (6-16)$$

将式（6-6）代入式（6-16），整理后得：

$$\frac{dP}{P} = \frac{\partial N}{\partial Z_N}\frac{Z}{P}\frac{dZ}{Z} + \frac{\partial N}{\partial L_N}\frac{L}{F}\frac{dL}{L} + (\frac{\delta}{1+\delta} + \zeta\frac{N}{F})\frac{F}{P}\frac{dF}{F} \quad (6-17)$$

通过对式（6-1）变形后代入式（6-17），整理后得：

$$\frac{dP}{P} = \frac{\partial N}{\partial Z_N}\frac{Z}{P}\frac{dZ}{Z} + \frac{\partial N}{\partial L_N}\frac{L}{P}\frac{dL}{L} + \frac{\delta}{1+\delta}\frac{F}{P}\frac{dF}{F} + \zeta(1 - \frac{F}{P})\frac{dF}{F}$$

$$(6-18)$$

dP/P、dZ/Z、dL/L 分别表示了第一产业中农业产出、资本和劳动的增长率。$(F/P)dF/F$ 反映了农业生产性服务业部门对整个第一产业增长的直接影响，同时农业部门也会间接受到影响。$(1-F/P)dF/F$ 可以体现农业部门在发展过程中受到农业生产性服务业部门的影响，进一步地，两部门间的弹性系数可以具体呈现这种影响关系的大小，这也就是农业生产性服务业部门对农业部门带来的溢出效应，这种影响会间接地体现在整个第一产业增长中。由此，基于理论分析我们可以总结出两条农业生产性服务业部门对农业部门的影响路径，它们分别是：（1）农业生产性服务业部门自身得到发展，进而间接地作用于农业部门的发展；（2）农业部门的发展受到农业生产性服务业部门带来的溢出效应。此外，保障农业稳定、持续发展的关键在于提高农业生产效率（蔡昉，2008），因此在做具体分析时本书用农业生产效率水平的提高作为农业发展的代理变量。

基于以上分析，本书提出两个基本假说，具体如下。

假说一：当农业生产性服务业规模扩大时，农业生产效率可以得到有效提升。

农业生产性服务业发展的重要途径是通过扩大服务规模促进农业生产效率水平的提高。将农业服务作为农业生产的一种中间投入要素，其自身的规模化程度随着农业发展也需要逐步扩大。农业生产性服务业将农业生产各个环节的服务进行分工，这从规模经济的角度来看是有利于提高农业生产的配置效率。

假说二：在农业生产性服务业对农业产出产生溢出效应的过程中，农业专业化程度扮演了一个重要角色。

农业生产性服务业的一个重要优点就是更好地实现了农业专业化水平，这是农业生产性服务业有利于提高农业生产效率的一个关键点。亚当·斯密早在《国民财富的性质和原因的研究》（简称《国富论》）中就论述了专业性的分工可以提高劳动的生产效率。与此同时，农业专业化程度与农业生产性服务业发展具有相辅相成的作用，农业生产性服务业也更好地刺激了农业生产过程中的资源配置，当农业生产者认为通过服务外包有利于获得更高的利润时，他们就会选择将不同生产环节的服务外包给具有生产优势的服务供给者，这时既增加了农业生产环节的专业化程度，也提高了农民的收入水平。

第二节　数据描述

本章在筛选样本时和前面章节一样，采用 2012 年 CFPS 数据，依据农业的狭义概念，仅保留了从事种植业的农户。① 同时，删除了关键变量严重缺失和有偏的样本，最终得到的样本情况如表 6-1 所示。

表 6-1 变量的描述性统计

变量名	含义及单位	样本量	平均值	标准差
亩均总产值	每亩土地的总产值（元）	6513	663.74	1491.92
劳均总产值	家庭人均劳动力总产值（元/人）	6490	5742.84	12320.16
农业生产性服务规模化程度	农业生产性服务投入与总投入比重（%）	6469	21.695	21.01
农业专业化水平	农业资本投入/家庭农业劳动人数（元/人）	6446	2258.63	5473.66
家庭劳动力	每亩土地投入的家庭劳动力（日）	4719	8.09	23.33
种子化肥农药费用	每亩土地投入的种子等费用（元）	6513	183.04	363.55
雇佣劳动力	每亩土地投入的雇佣劳动力（元）	6513	32.36	161.15
机械灌溉服务费用	每亩土地投入的机械灌溉等费用(元)	6513	23.07	94.77
运输燃料等费用	每亩土地投入的燃料等费用（元）	6513	12.70	76.61
家庭人口规模	农户家庭人口数（人）	6543	4.58	1.83
小孩比例	小孩占家庭人口的比例（%）	6543	33.62	4.60
老人比例	老人占家庭人口的比例（%）	6543	44.83	28.62
女性劳动力比例	家庭中女性劳动力占总劳动力比例（%）	6543	26.23	17.01
劳动力平均年龄	家庭劳动力平均年龄（岁）	5923	39.12	7.99
劳动力平均受教育程度	家庭劳动力平均受教育年限（年）	5923	6.14	3.38
农用机械虚拟变量	有=1，否=0	6305	0.443	0.497
村庄地貌特征	高山、高原、平原、草原和渔村=1，丘陵山区=0	6477	2.19	1.05

第三节 计量模型设定

本章在计算农业生产效率时所用到的是随机前沿产出分析模型，即不考虑配置效率与规模效率的前提下，当投入与技术水平一定时，

---

① 考虑到如果按照广义的农业概念，将种植业、林业、渔业及畜牧业放在一起比较有失科学性，因为其投入与产出无论在内容上还是在时间上都有很大差别，故本书只选取了传统意义上的种植业作为研究对象。

估计出最大可能产出前沿面，而技术无效率导致了实际产出低于最大可能产出面，由此可计算出技术无效率的对立面技术效率，即本章的农业生产效率。随机前沿产出分析模型理论上分为两部分：一是随机前沿生产函数模型，主要通过设定生产函数的具体形式，基于农业的投入产出估计出最大产出前沿面，为了保证计量结果的稳健性，本章用亩均总产值（土地产出率）和劳均总产值（劳动生产率）两个指标分别代理产出变量。二是技术效率模型，本章加入了研究关注的核心解释变量：农业生产性服务业的规模与农业专业化程度，以及其他可能影响技术无效率的控制变量。

一、随机前沿生产函数模型

根据相关文献（Aigner 等，1977；Meeusen 和 Broeck，1977），本章假设农业生产函数为：

$$Y_i = f(X_i, \beta) \exp (v_i - \mu_i) \qquad (6-19)$$

Y_i 代表农业产出，X_i 代表投入农业生产的要素，i 代表第 i 个样本（$i = 1, \cdots, N$），β 为模型参数，$f(\cdot)$ 为农业生产函数。在农业生产函数的模型中，随机扰动项被分为统计误差（随机误差项）和非负误差项（技术无效率项），并分别用 v_i 和 μ_i 表示。继而，SFA 技术效率的表达式为：

$$TE_i = \exp(-\mu_i) = \frac{Y_i}{f(x_i, \beta) \exp(v_i)} \qquad (6-20)$$

式（6-20）在已知 μ_i 分布的情况下，可以得到技术效率的均值，但是得不到每一个样本的技术效率值。具体而言，根据样本数据，公式可以估计出总体的参数值，基于估计出来的参数值得到残差值 ε_i，但无法计算出每一个样本的残差值 v_i 和 μ_i。为了能够得到每个样本的技术效率值，约翰德罗等（1982）将技术效率定义为：$TE_i = \exp[E(\mu_i / \varepsilon_i)]$，该方法被称为"JLMS"技术，他们用半正态分布推导了 $E(\mu_i / \varepsilon_i)$ 的表达式，由此可求出技术效率。基于此，这里假设 v_i 服从正太分布，即 $N(0, \sigma_v^2)$，μ_i 独立于 v_i，且 μ_i 服从半正太分布，即 $N^+(m_i, \sigma_\mu^2)$，从而技术效率可以用 $\exp[E(-\mu_i)]$ 表示。[1]

柯布—道格拉斯生产函数和超越对数生产函数是设定农业生产函数的两个选择。为简化模型，假设农业生产仅投入两种生产要素，资本（K）和劳动（L），C – D 函数通过自然对数变形后呈如下形式：

$$\ln Y = \beta_0 + \beta_1 \ln K + \beta_2 \ln L \tag{6-21}$$

其中，β_0、β_1 和 β_2 为待估参数。

接下来，将生产函数 $f(\ln K, \ln L)$ 在（0，0）点进行二阶泰勒展开，得到如下的表达形式：

$$\ln Y = \beta_0 + \beta_1 \ln K + \beta_2 \ln L + \beta_3 (\ln K)^2 + \beta_4 (\ln L)^2 + \beta_5 \ln K \times \ln L$$

$$\tag{6-22}$$

C – D 函数与 Translog 函数的侧重点不同，C – D 函数可以直接解释出生产函数的经济意义，即投入要素的产出弹性，而 Translog 函数则弥补了 C – D 函数替代弹性衡定为 1 的不足，因其处理了投入要素间的相互作用。

究竟应该选择 C – D 函数还是 Translog 函数应根据科学检验来判断，因此，这里我们选用了常用来判断生产函数类型的方法——似然比检验来做具体的选择，即首先选择 Translog 函数作为生产函数的具体形式，然后设 $\beta_3 = \beta_4 = \beta_5 = 0$ 为原假设，进行回归检验。在 1% 的显著性水平上，似然比结果显示拒绝原假设，检验统计量 LR 的值为 319.59，这表明，本章的农业生产函数应该选择 Translog 函数。

Translog 函数表达式如下：

$$\ln Y_i = \beta_0 + \beta_1 \ln L_i + \sum_j^n \beta_j \ln K_{j,i} + \sum_j^n \beta_{jj} (\ln K_{j,i})^2 + \beta_2 (\ln L_i)^2 +$$

$$\sum_j^n \sum_k^n \beta_{jk} \ln K_{j,i} \times \ln L_i + \sum_j^n \sum_{j-1}^n \beta_{j(j-1)} \ln K_{j,i} \times \ln K_{j-1,i} + \upsilon_i + \mu_i$$

$$\tag{6-23}$$

农户的单位产出用 Y_i 代表，$\ln(\cdot)$ 表示变量的自然对数取值，农户

---

① 本书的随机前沿成本函数模型和随机前沿利润函数模型对 μ_i 和 υ_i 做了相同的函数分布设定。

在农业生产中的劳动力总投入为 L_i，农户对农业的资本投入为 $K_{j,i}$，i 表示农户，j 表示农业作物的种类，农业的资本投入有种子、化肥、雇佣劳动力、机械灌溉、运输燃料等。$(\ln K_{j,i})^2$、$(\ln L_i)^2$ 分别为第 j 项农业资本投入、劳动力投入自然对数的平方项，$\ln K_{j,i} \times \ln L_i$ 为第 j 项农业资本投入和劳动力投入自然对数的交互项；$\ln K_{j,i} \times \ln K_{j-1,i}$ 为农业生产过程中不同投入资本间对数的交叉项。

二、技术效率模型

μ_i 为技术无效率的表达式，μ_i 的大小与农业技术无效率呈正向关系，μ_i 越大则说明农业生产效率越低。本章基于巴蒂和科埃利（1995）对于技术无效率的形式设定，将农业技术无效率的函数表达式设定如下：

$$\mu_i = \pi_0 + \pi_1 P_i + \pi_2 S_i + \sum_{n=1}^{6} \delta_n R_i \times Scalabledummy_{in} + \sum \gamma_k C_{ik} +$$
$$\sum_{m=1}^{5} \varepsilon_m Regionaldummy_{im} + \varepsilon_i \qquad (6-24)$$

μ_i 代表了农业技术无效率，P_i 代表农业生产过程中农业生产性服务业规模的大小，具体表示为农业生产性服务业投入资金/农业总投入资金，i 表示农户个体。本章所指的农业生产性服务业投入资金包括机耕、灌溉、运输和雇佣劳动力等服务项目。S_i 表示农业专业化程度，基于郝爱民（2013）的研究，本书选用人均农业资本占有量作为农业专业化程度的代理变量，具体由农业资本投入与农户家庭从事农业劳动人数的比值表示。C_{ik} 表示家庭特征变量，家庭特征有以下这些变量：按照国家统计局对常住人口的定义，模型中家庭人口规模具备两个条件：一是在居民户口簿中登记在册，二是每年在家居住时间不小于6个月。家庭劳动力定义为年龄处于16—60岁之间的家庭成员，小于等于16岁的定义为小孩，大于等于60岁的定义为老人，性别上则可分为男性和女性。其余农户家庭特征变量还包括家庭平均劳动力年龄、家庭平均劳动力受教育程度和家中是否有农用机械。本书选取以上家庭控制变量主要出于以下几点考虑：首先，家庭务农人口是重要的劳动力来源，直接影响农业生产效率，此外，还有研究表明，农户的家庭人口结构对农业生产效率也具有重要影响；其次，农户家庭的平均受教育程度和平均年龄对农户家庭农业生产的技术和经验指导具有重要作用，进而对农业生产效率具有决定性影响；最后，农户是否拥有农用机械设备对农业生产的及时性具有很大影响，同时也在一定程度上表征了农户的家庭财力，这对农业生产效率具有关键影响。$Regional dummy_{im}$ 代表农户所在村庄地貌特征的虚拟变量，意义在于控制住不同地形地貌对农业生产效率的干扰，因此种植作物的种类、生产周期等很多因素都与当地的地形有关，这里主要分为丘陵山区、高山、高原、平原、草原和渔村六类，其中以丘陵山区为对照组，用"0"表示控制组，用"1"表示处理组。

第四节　计量结果分析

基于以上构建的农业生产性服务业的随机前沿生产函数模型所得结果，作出如下具体分析。

一、农业生产性服务业的随机前沿生产函数结果分析

（一）随机前沿函数的结果分析

表6-2的上半部分列出了生产函数的估计结果。各变量的估计系数可做如下解读，家庭劳动力投入对增加农业产出有明显作用，而不同投入资本对农业产出的影响具有较大差异。其中，雇佣劳动力与机械灌溉投入对农业产出具有显著提高作用，而种子化肥农药和运输燃料投入在统计上并没有对农业产出有显著影响。在农业生产中，从时效性来讲，劳动力、机械与灌溉投入的增加对提高农业产量具有直接影响，而种子、化肥、农药及燃料使用的增加需要通过其他因素

的辅助才可以显著增加农业产量。因此，我们得到如下的计量分析结果。

表6-2 农业生产性服务业的随机前沿分析估计结果 (1)

投入要素的对数值	随机前沿生产函数模型	
	被解释变量：亩均总产值（元/亩）	被解释变量：亩均总产值（元/亩）
	（1）	（2）
家庭劳动力	0.157***	0.143***
	(0.036)	(0.041)
种子化肥农药费用	0.038	0.073
	(0.043)	(0.047)
雇佣劳动力	0.084***	0.061**
	(0.027)	(0.030)
机械灌溉服务费用	0.119***	0.143***
	(0.030)	(0.033)
运输燃料等费用	0.040	0.041
	(0.039)	(0.041)
投入要素平方项是否控制	是	是
投入要素间交互项是否控制	是	是
常数项	4.601***	4.557***
	(0.109)	(0.117)
T值	21.68	20.55
P值	0.000	0.000
变量名	技术无效率函数模型（被解释变量：技术无效率项）	
	（1）	（2）
农业生产性服务业规模化程度	−0.556***	−0.401**
	(0.159)	(0.173)
农业专业化程度	−0.067***	−0.040*
	(0.022)	(0.024)
家庭人口规模	—	−0.032
		(0.020)
小孩占比	—	0.032
		(0.546)

变量名	技术无效率函数模型（被解释变量：技术无效率项）	
	(1)	(2)
老人占比	—	-0.532*** (0.166)
家庭劳动力中女性占比	—	-1.620*** (0.218)
家庭劳动力平均年龄	—	-0.013*** (0.004)
家庭劳动力平均受教育程度	—	-0.017* (0.009)
农用机械虚拟变量	—	-0.321*** (0.059)
常数项	0.875*** (0.158)	2.050*** (0.305)
村庄地貌虚拟变量	是	是
似然对数	-4924.641	-4266.763
观测值	4379	3820

注：（1）***、**和*分别表示在1%、5%和10%的显著性水平上显著；（2）括号内为稳健标准误；（3）村庄地貌虚拟变量：将村庄分为丘陵山区、高山、高原、平原、草原和渔村六类，其中以丘陵山区为对照组，用"0"表示村庄所属组别，用"1"表示其他组别；（4）随机前沿生产函数中的被解释变量均取其对数值。

（二）技术无效率函数的结果分析

表6-2的下半部分呈现了技术无效率模型的估计结果。表6-2第（1）列中未加入家庭控制变量，可以看出，农业生产性服务业规模和农业专业化程度均在1%的显著性水平上对技术无效率具有负向影响，也就是说对农业生产效率的提高具有积极作用。具体地，农业生产性服务业的规模扩大1个单位，技术无效率降低0.56个单位；农业专业化水平提升1%，技术无效率降低0.07个百分点。表6-2第（2）列中显示模型加入了家庭控制变量后的估计系数，结果显示，农业生产性服务业的规模扩大1个单位，可以在5%的显著性水平上降

低 0.4 个单位的技术无效率；而农业专业化水平提高 1%，可在 10% 的显著性水平上降低 0.04 个百分点的技术无效率。当模型控制了影响农业技术效率的干扰因素后可以更好地识别出农业生产性服务业和农业生产效率的关系，因此，本章以表 6-2 第（2）列的估计结果作为参考。

此外，在农户家庭变量中，除了农户家庭人口规模和小孩占比对农业生产效率没有显著影响外，其余变量均有显著性影响。其中，女性劳动力占比在 1% 的显著性水平下提高 1 个单位，农业生产效率提高 1.6 个单位，这说明在农业生产过程中，女性劳动力的作用不可低估；在表征农户家庭农业生产经验的变量中，家庭平均受教育年数在 10% 的显著性水平上增加 1 个单位，农业生产效率可以增加 0.02 个单位；在 1% 的显著性水平上，平均劳动年龄提高 1 个单位，对农业生产效率有 0.01 个单位的正向影响；同时需要解释的是，老人占比对农业生产效率同样有正向影响，这可能仍归因于丰富的农业生产经验；农用机械在农业生产中的作用非常大，在 1% 的水平下，农业生产效率随机械化水平上升 1 个单位，生产效率提高 0.32 个单位，这可解释为，由于农业生产的时效性很强，农户拥有农业机械可以及时用于农业生产，有利于提高农业生产效率。

二、稳健性检验

上面分析了农业生产性服务业对以土地产出率作为产出目标的生产效率的影响，并分别从规模化和专业化两个角度来考察他们的关系；但是，已有研究表明在考察农业生产的众多指标中，农业劳动生产率同样是一个重要指标（汪小平，2007）。因此，接下来本章选用以劳动生产率为产出目标的生产效率作为农业生产效率的另一衡量指标进行稳健性检验。

表 6-3 列出了以农业生产率为产出目标的生产效率作为被解释变量的估计结果。在选择农业生产函数时，我们依然参考似然比检验的

结果，最终的检验结果表明，在 1% 的显著性水平上拒绝原假设，且 LR 的检验值为 255.06，也就是说这里仍然选用 Translog 函数作为随机前沿的生产函数。模型中其余变量的设定均与上文一致。

从表 6 - 3 可以看出，随机前沿生产函数的系数估计与表 6 - 2 基本保持一致。在技术无效率函数中，未加入农户家庭变量时，农业生产性服务业规模在 1% 的显著性水平上扩大一个单位，可以降低 0.58 个单位的技术无效率；农业专业化水平在 1% 的显著性水平上可以在单位内降低技术无效率 0.76 个单位。当模型中控制农户家庭等一系列变量后，我们发现估计结果并没有发生明显的变化，农业生产性服务业规模化程度提高 1%，技术无效率在 1% 的显著性水平上降低 0.94 个的百分点；农业专业化水平提高 1 个百分点，同样在 1% 的显著性水平上降低技术无效率约 0.75 个百分点。家庭控制变量估计结果与上文不同的是，农户家庭人口规模对农业生产效率在 1% 的显著性水平上对农业生产效率有正向影响，而农户家庭的平均受教育水平对农业生产效率没有显著影响。

总体来看，稳健性检验的估计结果与上文估计结果基本保持一致，两者均有效地检验了理论分析结果所提出的假说，即提高农业生产效率可以从扩大农业生产性服务业规模和专业化水平两个角度来考量。

表 6 - 3 农业生产性服务业的随机前沿分析估计结果（2）

投入要素对数值	随机前沿生产函数模型	
	被解释变量：劳均总产值（元/人）	被解释变量：劳均总产值（元/人）
	（1）	（2）
家庭劳动力	0.291 *** (0.048)	0.267 *** (0.054)
种子化肥农药费用	0.187 *** (0.061)	0.155 ** (0.068)
雇佣劳动力	0.071 ** (0.035)	0.072 * (0.040)
机械灌溉服务费用	0.065 (0.040)	0.097 ** (0.045)

中国农业适度规模经营问题研究

续表

投入要素对数值	技术无效率函数模型（被解释变量：技术无效率项）	
	（1）	（2）
运输燃料等费用	0.043	0.048
	(0.049)	(0.053)
各投入要素平方项是否控制	是	是
各投入要素间交互项是否控制	是	是
常数项	8.400***	8.346***
	(0.148)	(0.163)
T值	16.68	16.46
P值	0.000	0.000
变量名	技术无效率函数模型（被解释变量：技术无效率项）	
	（1）	（2）
农业生产性服务业规模化程度	−0.582***	−0.941***
	(0.206)	(0.241)
农业专业化程度	−0.758***	−0.747***
	(0.054)	(0.061)
家庭人口规模	—	0.044**
		(0.022)
小孩占比	—	0.418
		(0.610)
老人占比	—	−0.602***
		(0.204)
女性青壮年劳动力占比	—	−1.486***
		(0.268)
家庭农业劳动力的平均年龄	—	−0.013***
		(0.005)
家庭劳动力平均受教育程度	—	0.001
		(0.011)
农用机械虚拟变量	—	−0.298***
		(0.069)
常数项	5.423***	6.387***
	(0.315)	(0.469)
村庄地貌虚拟变量	是	是
似然对数	−5682.469	−4963.3214
观测值	4379	3820

注：（1）***、**和*分别表示在1%、5%和10%的显著性水平上显著；（2）括号内为稳健标准误；（3）村庄地貌虚拟变量：将村庄分为丘陵山区、高山、高原、平原、草原和渔村六类，其中以丘陵山区为对照组，用"0"表示村庄所属组别，用"1"表示其他组别。

小 结

本章对农业生产性服务业和农业生产效率的关系进行了识别研究。基于农业生产效率对农业产出的溢出效应模型,从理论上分析了农业生产性服务业对农业生产效率的传导机制,并提出两个理论假说:第一,进一步扩大农业生产性服务业的规模对农业生产效率具有正向的积极作用。第二,农业生产性服务业对农业生产效率具有一定的溢出效应,而农业专业化程度通过增加两者间的溢出效应,进而提高农业生产效率。为了验证理论分析所提假说,基于2012年CFPS数据中的农户家庭样本,运用随机前沿分析方法进行了实证研究,随后用不同变量代理农业生产效率进行稳健性检验,最后发现理论与计量分析的结果相统一,表明农业生产性服务业可以提高农业生产效率,是实现我国农业适度规模经营的另一种有效方式。

第七章　中国农业适度规模经营问题研究结论及政策建议

　　本书中农业适度规模经营是一个包含土地流转型与服务带动型适度规模经营两种模式的体系。进一步，本书首先构建了农业适度规模经营问题的理论机制；其次分析了土地规模与农业生产效率的关系，并基于不同维度测定了土地适度规模经营的范围；最后确定了生产性服务业在农业适度规模经营中的作用。具体地，在农业适度规模经营的宏观经济和政策背景下，本书提出了研究问题并设计了详细的研究方案，采用随机前沿分析方法并利用2012年中国家庭追踪调查数据中的农户样本进行实证分析。基于国内外已有的研究进展，对我国农业适度规模经营的发展历程和当前现状进行剖析，在此基础上，为了更好地理解农业适度规模经营的内在机制和评价标准，本书构建了一个刻画农业生产的理论框架，得出了农业适度规模经营分析需要的理论机制和研究框架，为实证研究作出理论指导。以理论和机制为基础，检验了土地规模经营与农业生产效率的关系，并从农业的产出、成本和利润三个层面探讨了我国当前土地适度规模经营的范围。从土地流转的分析视角研究了农户参与土地转入与转出分别对农业生产效率的影响，并从这两个层面讨论了土地适度规模经营的范围。而且，本书研究了农业生产性服务业对农业生产效率的影响，进而显示农业生产性服务业在农业适度规模经营中的作用。

　　本书基于从现实中发现问题，结合理论机制，再用实证方法进行检验的研究思路，厘清了农业适度规模经营与农业生产效率的作用机制，并从多个分析维度确定土地的适度规模经营范围，根据当前我国农业适度规模经营发展存在的问题，结合本书得出的研究结论，为我国农业适度规模经营的进一步发展提供对策建议。

第一节 中国农业适度规模经营问题研究结论

一、主要研究结论

本书的主要研究结论体现在如下四个方面。

（一）土地规模经营与农业生产效率呈倒"U"形曲线关系

实证分析表明，农户经营的土地面积与农业生产效率呈一种倒"U"形曲线的关系，这说明若以农业生产效率作为判断依据，农户经营的土地面积存在一个最优的规模。更进一步，在倒"U"形曲线拐点的左侧，农业生产效率随着土地经营规模的扩大而上升，在倒"U"形曲线拐点的右侧，农业生产效率随土地经营规模的扩大而下降。也就是说，中国的土地规模经营并不是越大越好，在当前农业机械化水平、农业劳动力素质水平等条件的约束下，以农业生产效率最大化作为目标函数，可以得出一个土地的最优规模范围。与本书研究结果类似的是，沈等（Sheng 等，2019）以中国北方玉米为研究对象，得出农业经营规模与农业生产率（Agriculture Productivity）呈现倒"U"形曲线的关系。

通过对 2012 年 CFPS 数据的样本分析后发现，经营规模处于 10—20 亩区间的农户占样本总量的 51%，经营规模处于 20—40 亩区间的农户占总样本的 23.1%，经营 10 亩以下的农户比例与之相似，占总样本的 19.4%，但是，经营规模大于 40 亩的农户占总样本的比例非常少，特别是经营规模在 80 亩以上的农户，占比不足 2%。从当前的这种现状来看，短期内让农户实现大规模的土地经营是不现实的，因此，找寻一个最优的土地适度规模经营区间是符合我国当前实际情况的。

（二）农业生产目标不同土地适度规模经营范围存在差异

若以产出最大化为目标的农业生产效率和以利润最大化为目标的农业生产效率最优化来看，土地适度规模经营的区间是20—40亩，但若以成本最小化为目标的农业生产效率最优化来看，土地适度规模经营的区间是120—200亩。从农业的产出、利润和成本三个角度分析土地适度规模经营区间的结果差异较大，其实这可以理解为，农业适度规模经营是一种最优化的结果，它并不会仅局限于一种适度的区间，因为基于不同的价值、立场设定的目标函数不同，得到的最优化区间也是有差异的（程秋萍，2017）。此外，也有学者得出不同的结论，李文明等（2015）利用22个省的水稻种植户调查数据，建立了水稻产出、成本和利润的超越对数模型，基于普通OLS回归方法，得出从水稻产出最大化的角度看，最优的种植规模区间是80—120亩；从成本与利润角度看，最优的种植规模区间是120—200亩。本书与他的研究结果有所差异，可能的原因是本书的研究样本是所有类型的种植农户，并没有局限于某一种作物的种植农户，此外，我们利用了专门测算效率的方法进行计量分析，在测算效率方面比普通最小二乘法（OLS）更加精准。

（三）土地流转会改变农业生产效率与土地适度规模经营区间

不同的土地流转类型对农业生产效率的影响存在差异。具体地，土地转入对提高以土地产出率为产出目标的生产效率具有正向作用，但对以劳动生产率为产出目标的生产效率没有显著影响；土地转出可以同时有效提高以土地产出率为产出目标的生产效率和以劳动生产率为产出目标的生产效率。进一步研究表明，完成土地转入后，20—40亩是农户的适度规模经营区间，在该经营区间内以两种生产率为产出目标的生产效率均处于最优化水平；实现土地转出后，以两种生产率为产出目标的生产效率的最优适度规模经营区间是10—20亩。可以看到，农户参与土地转入和转出后，土地适度规模经营的区间有所差异。

其原因可能是，对于参与土地转入的农户来说，他可能会从多家农户手中转入土地，形成大规模的土地经营模式，而参与土地转出的农户，他们仅是以单个农户流转出土地的形式参与土地流转，因此，最终适度规模经营的区间较小。不可否认的是，农村土地流转的加快促进了农业规模经营的多元化发展（赵鲲和刘磊，2016）。

（四）服务带动型规模经营在农业适度规模经营中扮演了重要角色

为简化研究，本书在描述服务带动型的规模经营时用农业生产性服务业规模进行具体量化。从农业生产性服务业的规模化和专业化两个角度来看，农业生产性服务业规模对农业生产效率具有积极的促进作用。本书首先借助于农业生产效率对农业产出的溢出效应模型，从理论上分析了农业生产性服务业对农业生产效率的传导机制，并提出两个理论假说：（1）进一步扩大农业生产性服务业的规模对农业生产效率具有正向的积极作用；（2）农业生产性服务业对农业生产效率具有一定的溢出效应，而农业专业化程度可以通过增加两者间的溢出效应，进而提高农业生产效率水平。其次，本书运用实证分析对理论假说进行检验，并分别采用土地产出率和劳动生产率两个产出目标的生产效率进行双重验证，最后发现理论与实证分析的结果一致，表明农业生产性服务业的规模化与专业化对农业生产效率具有重要的积极影响，同样证明了以农业生产性服务业为代表的服务带动型规模经营是实现农业适度规模经营的重要方式。

二、进一步讨论

通过对比以上研究结论发现，由于经营目标不同、参照不同，土地适度规模经营区间也会有所差异。接下来本书进行横向与纵向比较，具体分析研究结果的异同。

首先，从农业产出、利润和成本三个角度分析，土地适度规模经营的区间有所差异，产出或者利润最大化时，土地适度规模经营的区间是20—40亩；而成本最小化时的土地适度规模经营区间是120—200亩。从农户层面来看，他们的经营目标是通过优化投入要素组合，实现产量与收益的最大化，当农产品的市场价格一定时，产量越高，农业收益也就越大。而农业成本最小化时，得到的适度区间与产出或者利润最大化的适度区间不同，可能的理由是：其一，计算成本最小化时，产出是给定的，通过提高投入要素的配置效率进而实现成本的最小化，而这时考虑了投入要素的相对价格，此时获得的最优适度规模相对较大。而在计算产出或者利润最大化时，没有考虑要素之间的配置效率，因此得到的土地最优适度区间较小。其二，农户为了提高农产品产量与收益，往往不计较家庭农业劳动力的投入，即不考虑家庭劳动力的机会成本。因此，从农业产出、利润与成本三个视角分析，得出的土地适度规模经营区间有所差异。

其次，农户完成土地转入后，20—40亩是土地适度规模经营的区间，而完成土地转出后，土地适度规模经营区间是10—20亩。本书在处理样本时，仅考虑了单纯的土地转入与转出的发生情况，即只考虑了农户转入或转出土地，并没有考虑农户既转入土地又转出土地的情况。那么，农户无论是参与土地转入还是土地转出均是为了提高农业生产效率、实现自身利益的最大化。选择转入土地的农户通常具有良好的农业生产条件，如较高的生产力水平、富余的农业生产资本，这时扩大土地经营规模有利于进一步提高生产效率。而选择土地转出的农户则恰恰相反，他们的农业生产能力相对薄弱，无法经营更多的土地，这时他们可能通过兼业等行为实现自身利益的最大化，即通过转出土地减小土地经营规模、释放更多的农业劳动力进入其他行业。因而，农户参与土地转入与转出后的适度规模经营区间不同，转入农户对应的适度规模经营区间会更大。

然后，从农业产出、利润、成本以及土地转入与转出这几个层面进行分析时，土地适度规模经营的区间同样有所差异。其一，本书在分析样本时仅考虑了参与土地流转的农户，因此可以将分析土地流转与农业产出、利润及成本的样本理解为一种包含关系，前者是后者的子集，即前者的研究样本范围缩小了。其二，在农业生产水平一定时，农户转入土地的目的也是提高农产品产量与收益，因此，从这三个层面分析具有相同的土地适度规模经营区间。此外，农户在转入土地时，会考虑到经济、风险、政策等多方正因素的影响，并不会一味地追求成本最小化，同时，受到土地资源、水资源等多重限制，实践中，户均经营 120—200 亩的土地也是很难实现的。而农户转出土地时，他们不仅仅从农业生产的角度考虑，更多的可能是从家庭利益最大化来思考，如家庭劳动力存在特殊技能、从事农业兼业会提高家庭整体的收益，因此，从农户转出土地时对应的适度经营范围均小于其他情形。

最后，与土地适度规模经营区间不同的是，农业服务型规模经营不是为了确定一个适度的具体区间，而是讨论其对农业生产效率的促进作用，进而证实农业生产性服务业在农业规模经营中的重要性。中国农业适度规模经营的可持续发展需要将土地流转型适度规模经营与服务带动型适度规模经营相结合。这是当前中国农业适度规模经营正确的发展路径。

第二节　中国农业适度规模经营发展中存在的问题及相关政策建议

中国农业适度规模经营的发展还任重道远，基于当前中国农业适度规模经营发展过程中遇到的主要问题，并结合本书的研究结果，提出有利于中国农业适度规模经营未来发展的切实可行的政策建议是本书的最终目的。因此，接下来首先总结梳理当下我国农业适度规模经营发展中存在的主要矛盾，继而结合本书的研究结论提出相应的政策建议。

一、主要问题

（一）土地流转仍未实现农业规模化经营

土地细碎化、分散化是中国农村土地经营中普遍存在的现象，但随着市场化的发展，土地流转成为实现农业规模经营、农业现代化发展的重要方式。截至目前，我国土地流转型规模经营正在快速发展。据原农业部统计，2016 年年底，我国土地流转面积已从 2007 年年底的 0.64 亿亩增至 4.79 亿亩，占家庭承包耕地总面积的 33.3%。其中，参与土地转出的农户达 6329.5 万户，占总农户的 27.5%；就土地转入的方向而言，0.97 亿亩的土地转入了合作社，占总转入土地面积的 21.8%，0.42 亿亩的土地转入了企业，占总转入土地面积的 9.5%，2.62 亿亩的土地转入农户手中，占总转入土地面积的 58.6%。但是参与土地转入的农户多为专业大户或是家庭农场，普通小农户占比非常少。与此同时，第三次全国农业普查数据表明，全国农业生产经营人员达 3.1422 亿人，农业生产经营户达 2.0743 亿，其中仅有 398 万的农业生产经营户是成规模经营的，而超过 2 亿的农业生产经营户都是普通小农户。[①] 魏后凯等（2017）研究表明，2015 年年底，我国农户经营面积小于 10 亩以下的多达 2.1 亿户，占全部农户的 79.6%，经营面积小于 30 亩的农户有 2.55 亿户，占全部农户的 96.1%，经营 30 亩以下耕地面积的总和占总耕地面积的 87%。此外，通过对比 2010 年和 2012 年 CFPS 数据中的农户家庭样本同样可以发现，农户参与土地流转的比例从 2010 年的 21.25% 上升到 2012 年的 23.22%。其中，参与土地转入的农户占比从 2010 年的 16.19% 上升到 2012 年的 17.74%，参与土地转出的农户从 2010 年的 5.07% 上升到 5.47%。但是，小规模经营农户占比很高，经营 0—10 亩和 10—20 亩的农户分别

---

① 国家统计局发布第三次全国农业普查结果，见 http：//www. stats. gov. cn/tjsj/sjjd/201712/t20171215_ 1563554. html。

占总样本农户数的 19.4% 和 51.2%，而经营 40 亩以上的农户仅占总样本数的 5.93%。由此可以看出，整体而言，中国土地流转正在快速发展，但是就农户而言，无论是从参与土地流转比例，还是流转的土地面积来看，普通小农户都远不及农业专业大户和家庭农场，这会造成普通小农户的市场竞争力越来越弱。中国自 1978 年实施家庭联产承包责任制以来，农业小规模经营的模式已根深蒂固，短时期内很难改变小农户的经营模式，因此，如何在家庭联产承包责任制与小农户仍占比很高的基础上，发展农业适度规模经营是当前亟须解决的问题。

（二）农户兼业化不利于提高农业生产效率和扩大农业经营规模

农户兼业会降低土地利用效率，使农户维持小规模的农业经营，农业生产效率无法与专业化农户相比，农户兼业化延缓了规模经济的发展。按照收入来源，一般将家庭收入分为工资性收入、经营性收入、财产性收入及转移性收入四个部分，农业生产性收入属于农户的经营性收入。改革开放 40 多年来，中国农民的收入构成随着经济发展在不断发生变化，目前工资性收入已经成为农户家庭的最主要收入来源。数据显示，1996 年，农户家庭收入中工资性收入仅占 25%，家庭经营性收入占 75%，其中农业收入占 60.6%，非农收入占 14.4%，此后，在城镇化、工业化发展的带动下，大量农村居民转向城镇地区从事非农就业，农户家庭的收入构成发生了很大变化。2016 年，工资性收入占农村家庭总收入的 51.4%，经营性收入占总收入的 48.6%，其中，农业收入占经营性收入的 33.5%，非农收入占经营性收入的 15.1%。[①] 可以看出，20 年里，农户家庭收入中的工资性收入占比从 25% 增长到了 51.4%，提高了 26.4%，而家庭经营性收入从 60.6% 下降到了 48.6%，降低了 12%，说明农业收入对农户家庭收入的影响在减弱，而工资性收入已经占据了主导地位，以工资性收入为主要收入来源的

① 国家统计局网站，见 http://www.stats.gov.cn/。

兼业农户正在逐步增多。农户兼业化程度的提高对农业适度规模经营的发展是极为不利的，首先，在农产品市场化价格下行的情况下，兼业农户对农业先进技术的投资热情不高，这对农业发展的技术进步带来负面影响；其次，兼业农户对土地的利用率也是处于较低水平的；最后，兼业农户的农业劳动生产率也无法与专业农户相比，这些因素共同降低了兼业农户对扩大农业规模的积极性。

（三）农业规模经营面临较高的农业风险

农业风险大致可以分为四类，即自然风险、经营风险、财务风险和市场风险。无论是小规模经营主体还是大规模经营主体在生产过程中都会遇到农业风险，但是相对于小规模经营主体，大规模经营主体面临的各类农业风险更高。当前中国农业保险的覆盖率以及赔付率都较低，当农业经营主体遭遇农业风险时，农业保险无法真正起到分担损失的作用。孔祥智和穆娜娜（2018）调研发现，2015年山东泰安市的一位农业专业大户经营了140亩土地种植玉米，结果当年遇到了自然灾害，每亩地减产了300斤，但是农业保险最后仅赔付了2000余元，而种植玉米的农业保险对于绝收的情况每亩地也仅赔付300余元。此外，相似的事件在河南同样发生了，2010年太康县的农业专业合作社投资建立了蔬菜大棚，一场暴雨过后造成的直接损失高达200余万元，但是农业保险的赔付金额却是寥寥无几。与此同时，农业经营主体在面临经营风险、财务风险和市场风险时同样是无法控制的。农产品价格、农业投入的各项成本及土地流转的租赁费用的波动，导致农业规模经营主体的收益不稳定，如果遇到经营管理不善，则面临亏损，农业经营的规模越大，经营主体面临的潜在风险和损失就越大。实践中，有很多农业规模经营主体因为经营不善或遭遇自然灾害而损失惨重，这时的农业保险又起不到分担损失的作用，农业规模经营主体最后选择中途"跑路"或退出农业经营行业的现象时有发生，这时政府不得不出面，通过垫付资金等方式处理余下的问题，这无疑增加了政府的财政负担。

（四）农业社会化服务业对经营主体的普及度和供给能力不足

我国农业社会化服务带动型规模经营的发展还存在普及度与供给力不足的问题。农业社会化服务可以分为生产、金融、信息、销售服务四大类，在具体实施阶段又可以分为农业生产的产前、产中和产后三个阶段。产前包含农业生产资料、种子的购买等服务；产中包含育苗、机播、机种等一些机械化服务；产后包含农产品的加工、运输、储藏和质检等服务。但当前我国大多数农业经营主体对农业社会化服务的类别与具体服务项目并不熟知，2018年《新型农业经营主体社会化服务报告》显示，普通小农户对农业社会化服务四大类熟知的数量仅占总农户的2.74%—9.73%，专业大户和家庭农场对农业社会化服务四大类的了解程度相对较高，但其占比也仅为12.55%—45.87%。与此同时，购买农业社会化服务的经营主体数量也较低，其中购买服务的普通农户仅占总农户的0.87%—6.68%，购买服务的专业大户和家庭农场的比例分别为4.66%—23.03%和4.38%—35.2%。此外，报告显示，若农业经营主体了解各类农业社会化服务项目后，其购买比例可提高至50%—70%。实践中，农业经营主体对农业社会化服务的需求还是很高的，具体地，有35.16%的普通农户、44.81%的专业大户和50.13%的家庭农场均表示由于农业生产技术的匮乏，对农业社会化服务有很高的需求。从农业社会化服务的供给来看，在政府、公共服务组织、农业产业化龙头企业、农业专业合作社等众多服务供给体系中，政府与公共服务组织占比最高，合计可达53.97%。政府与公共服务组织提供的服务主要集中在农业技术的推广、培训、防控、引进良种以及质检等方面，而其他农业社会化服务体系提供的服务主要集中在购买生产资料、机种机耕机收等机械化方面。但总体而言，农业社会化服务的有效供给能力还较弱，加之农业社会化服务业的推广欠缺，导致农业社会化服务业的供给与需求的匹配度还较低。

二、政策建议

（一）积极鼓励各类农业经营主体实现适度规模经营

新型农业经营主体在推动农业供给侧结构性改革、优化农业资源要素配置及实现农业规模化经营中发挥了重要作用，已成为推动乡村振兴战略和农业现代化发展的中流砥柱。但是，整体而言，在未来相当长的一段时间内，我国农业经营主体都无法实现户均百亩以上的规模化经营，普通小规模农户仍占农业经营主体的绝大多数。因此，为进一步鼓励各类农业经营主体实现适度规模经营，提出如下建议。

第一，完善农村土地制度改革，积极推动农业适度规模经营。具体表现在三个方面：其一，在坚持土地归集体所有的前提下，提升土地经营方式的创新力，减少土地细碎化、撂荒现象的发生，加强土地用途的规范管理；其二，将提高农业生产效率作为经营目标，明晰土地产权，建立农业经营主体自愿退出土地经营权流转制度，同时鼓励各类农业经营主体实现规模经营；其三，延长农村土地承包关系的期限，给予农户安全稳定的预期。

第二，完善土地流转交易平台，构建土地流转风险防控机制。以提高土地资源配置效率、降低农业经营主体参与土地流转的成本为目标，构建有法可依、依法管理的农村土地流转交易平台，同时完善与土地流转相关的其他配套制度。构建农村土地金融制度和保险制度等，进一步落实土地的经营权、抵押权和继承权等，此外，还需构建土地流转的公平交易制度等，保证土地同地同权、同权同价。

第三，完善农村社会保障制度，确定农民流转出土地后的生活保障。积极建立和完善农村基本养老制度、医疗保险制度、农村工伤保险和失业保险制度以及农业保险制度。在提高农村最低生活保障水平、扩大各类保险范围和赔付额度的基础上，实现社会养老的基本目标。

（二）充分实现普通小农户与现代农业发展的有机衔接

我国农业经营主体多是以普通小农户的形式存在的，第三次全国农业普查数据显示，小规模农户占全国总农户的80.8%，小规模农户经营的耕地面积占全国总耕地面积的71.4%，我国的主要农产品仍是由小规模农户提供的。小规模农户在未来很长的时期内都会是我国农业经营主体的主要力量，这种现状与深入推进农业供给侧结构性改革及农业现代化发展相悖。基于此，党的十九大作出了"将普通小农户与现代农业发展有机衔接"的重要指示。为充分实现普通小农户与现代农业发展有机衔接，提出如下建议。

第一，提高普通小农户的自身发展能力。其一，对于有长期务农意愿的普通小农户，政府应鼓励其扩大规模，并给予技术、管理等方面的培训；其二，向普通小农户推广先进的农业生产技术、提供优质的农业农村社会化服务；其三，对普通小农户的农业生产基础设施进行改善。

第二，提高普通小农户的组织化程度。其一，引导普通小农户通过联耕联种等多种形式展开联合生产；其二，切实保证普通小农户在合作社中的利益分配，鼓励普通小农户以多种创新方式加入合作社；其三，充分发挥各类新型农业经营三体对普通小农户的带动作用。

第三，提高普通小农户的增收空间。其一，引导普通小农户发展特色优质的各类农产品，提高农产品自身的竞争力；其二，鼓励普通小农户在发展新型农业产业的基础之上延伸产业链，如大力发展休闲农业等产业。

第四，健全农业社会化服务体系。其一，培育适应普通小农户需要的农业生产性服务；其二，按照不同地区的需要因地制宜发展多种形式的农业生产托管服务；其三，为普通小农户提供专门的产销服务，以保证普通小农户的产品销售渠道。

第五，完善普通小农户的政策扶持。其一，稳定普通小农户的土地承包关系长期不变；其二，发展农村金融水平，为普通小农户提供全面的金融支持；其三，建立健全为普通小农户提供覆盖范围更广、赔付力度更高的农村农业保险体系。

（三）政府应在尊重农民追求更高收益的前提下，借助于制度创新和市场的力量调节农户兼业化行为

在当前社会政策、农村政策和土地制度的背景下，农户兼业是市场经济发展的必然产物，在今后相当长的一段时期内都会存在。但是，农户兼业进一步恶化了土地的分散经营，对扩大土地经营规模、提高农业生产效率都是不利的。因此，为进一步调节农户兼业化行为，提出如下建议。

第一，为保证非农就业的边际收益不下降，政府应进一步降低非农就业的制度性成本。非农就业已经成为农村家庭的最主要收入来源，持续创造非农就业机会，是提高农民收入的重要抓手。降低了非农就业的参与成本，就能保障农户家庭劳动力的边际收益，农户转移出来的家庭劳动力就不会回流，同时还能吸引更多的农户家庭劳动力转移到非农就业中，大量农户在自身利益得到保障后，便自愿转出土地，进而促进土地的规模化经营。

第二，通过农业技能培训和专业农民计划，逐步提高农村劳动力的人力资本积累。同时对年轻劳动力提供专业技能培训，为农民创造更多从事非农就业的机会，提高非农就业的收益，即加大了从事农业生产的机会成本。

第三，积极推动科技在农业生产中的应用，逐步淘汰分散经营的兼业农户。农业生产中的科技应用需要前期投入大量的资金，在提高生产力和技术水平的前提下增加农业产量，降低单位成本。理性的兼业农户以及普通小农户便会完全退出农业生产，将土地流转给农业规模经营主体。

第四，政府应建立健全农民的社会保障制度，尽快降低农民对土地的依赖性。当前农村内部的社会保障性较差，由于户籍原因，农户在城市中又无法享有与市民一样的社会保障，这不但不利于社会公平，还阻碍了农民工完全退出农业生产。

（四）积极增加农业社会化服务的有效需求与供给

农业社会化服务体系的建立可有效降低农业生产环节的各项成本与风险，解决农业劳动力老龄化、农户兼业等农业劳动力短缺背景下"无人种田"的问题。然而，当前农业社会化服务普遍面临有效需求和供给不足、供需不配置等问题。因此，为积极增加农业社会化服务的有效需求与供给，提出如下建议。

第一，刺激农业社会化服务的有效需求，充分提高农户对农业社会化服务的认知与购买积极性。政府应宣传推广各类农业经营主体对农业社会化服务四大类、三个阶段的认知，与此同时，政府可以挑选条件成熟的地方，进行农业社会化服务政策补贴试点工作，刺激农业社会化服务的有效需求。

第二，构建良好的农业社会化服务供给市场，提高服务供给网络发展状况。各类新型农业经营主体逐渐成为农业社会化服务体系的重要需求力量，政府应鼓励龙头企业、农民合作社等新型农业经营主体参与到农业社会化服务体系的建立中，成立以政府为依托、以各类农业经营主体为骨干，同时包含其他社会力量的新型农业社会化服务网络体系。

第三，政府应利用组织优势建立专业平台促进农业社会化服务各类主体的有效衔接，保证农业社会化服务体系的良性发展。

参考文献

[1] 艾云航：《实现农业集约化、现代化的必由之路——浙江乐清县土地适度规模经营的调查》，《农业技术经济》1994 年第 4 期。

[2] 蔡昉、王德文、都阳：《中国农村改革与变迁：30 年历程和经验分析》，格致出版社、上海人民出版社 2008 年版。

[3] 蔡基宏：《关于农地规模与兼业程度对土地产出率影响争议的一个解答——基于农户模型的讨论》，《数量经济技术经济研究》2005 年第 3 期。

[4] 曹东勃：《适度规模：趋向一种稳态成长的农业模式》，《中国农村观察》2013 年第 2 期。

[5] 曹东勃：《农业适度规模经营的理论渊源与政策变迁》，《农村经济》2014 年第 7 期。

[6] 陈超、李寅秋、廖西元：《水稻生产环节外包的生产率效应分析——基于江苏省三县的面板数据》，《中国农村经济》2012 年第 2 期。

[7] 陈飞、翟伟娟：《农户行为视角下农地流转诱因及其福利效应研究》，《经济研究》2015 年第 10 期。

[8] 陈健：《农业规模经济质疑》，《农业经济问题》1988 年第 3 期。

[9] 陈杰、苏群：《土地生产率视角下的中国土地适度规模经营——基于 2010 年全国农村固定观察点数据》，《南京农业大学学报（社会科学版）》2016 年第 6 期。

[10] 陈凯、刘煜寒：《中外农业生产服务业发展状况的比较分析——基于投入产出表的实证研究》，《经济问题》2014 年第 5 期。

[11] 陈鸣、周发明：《农地经营规模、农业科技投入与农业生产效率——基于面板门槛模型的实证》，《产经评论》2016 年第 3 期。

[12] 陈思羽、李尚蒲：《农户生产环节外包的影响因素——基于威廉姆森分析范

式的实证研究》,《南方经济》2014 年第 12 期。

[13] 陈锡文:《实施乡村振兴战略,推进农业农村现代化》,《中国农业大学学报
(社会科学版)》2018 年第 1 期。

[14] 陈笑艳:《生产性服务业对农业劳动生产率的影响》,《中国商贸》2014 年
第 7 期。

[15] 陈训波、武康平、贺炎林:《农地流转对农户生产率的影响——基于 DEA
方法的实证分析》,《农业技术经济》2011 年第 8 期。

[16] 陈秧分、孙炜琳、薛桂霞:《粮食适度经营规模的文献评述与理论思考》,
《中国土地科学》2015 年第 5 期。

[17] 陈义媛:《土地托管的实践与组织困境:对农业社会化服务体系构建的思
考》,《南京农业大学学报 (社会科学版)》2017 年第 6 期。

[18] 陈园园、安详生、凌日萍:《土地流转对农民生产效率的影响分析——以晋
西北地区为例》,《干旱区资源与环境》2015 年第 3 期。

[19] 陈昭玖、胡雯:《农地确权、交易装置与农户生产环节外包——基于"斯
密—杨格"定理的分工演化逻辑》,《农业经济问题》2016 年第 8 期。

[20] 程大中:《中国生产性服务业的水平、结构及影响——基于投入—产出法的
国际比较研究》,《经济研究》2008 年第 1 期。

[21] 程秋萍:《哪一种适度规模?——适度规模经营的社会学解释》,《中国农业
大学学报 (社会科学版)》2017 年第 1 期。

[22] 褚保金、游小建:《种植业土地规模经济问题的探讨》,《农业技术经济》
1998 年第 2 期。

[23] 邓衡山、徐志刚、应瑞瑶、廖小静:《真正的农民专业合作社为何在中国难
寻?——一个框架性解释与经验事实》,《中国农村观察》2016 年第 4 期。

[24] 杜润生:《杜润生自述:中国农村体制变革重大决策纪实》,人民出版社
2005 年版。

[25] 高觉民、李晓慧:《生产性服务业与制造业的互动机理:理论与实证》,《中
国工业经济》2011 年第 6 期。

[26] 高梦滔、张颖:《小农户更有效率?——八省农村的经验证据》,《统计研
究》2006 年第 8 期。

[27] 高强、孔祥智:《我国农业社会化服务体系演进轨迹与政策匹配:1978—
2013 年》,《改革》2013 年第 4 期。

[28] Ganesh Thapa:《亚洲和拉美地区经济转型过程中小规模农业面临的挑战和机遇》,《中国农村经济》2010 年第 12 期。

[29] 顾乃华、毕斗斗、任旺兵:《中国转型期生产性服务业发展与制造业竞争力关系研究——基于面板数据的实证分析》,《中国工业经济》2006 年第 9 期。

[30] 郭军华、倪明、李帮义:《基于三阶段 DEA 模型的农业生产效率研究》,《数量经济技术经济研究》2010 年第 12 期。

[31] 关凤利、裴瑱:《我国农业生产性服务业的发展对策》,《经济纵横》2010 年第 4 期。

[32] 郭剑雄:《农地规模经营三大目标的背后》,《经济理论与经济管理》1996 年第 4 期。

[33] 郭庆海:《土地适度规模经营尺度:效率抑或收入》,《农业经济问题》2014 年第 7 期。

[34] 韩坚、尹国俊:《农业生产性服务业:提高农业生产效率的新途径》,《学术交流》2006 年第 11 期。

[35] 韩俊:《土地政策:从小规模均田制走向适度规模经营》,《调研世界》1998 年第 5 期。

[36] 郝爱民:《农业生产性服务业对农业的影响——基于省级面板数据的研究》,《财贸经济》2011 年第 7 期。

[37] 郝爱民:《农业生产性服务业对农业的外溢效应与条件研究》,《南方经济》2013 年第 5 期。

[38] 何秀荣:《关于我国农业经营规模的思考》,《农业经济问题》2016 年第 9 期。

[39] 胡必亮:《泰国现代农民经济的主要特征——对泰国板村 43 个农户的调查分析》,《农村经济与社会》1993 年第 6 期。

[40] 胡必亮:《实施积极的国家城市发展战略　促进中国城市化快速健康发展》,《中国人口科学》2000 年第 6 期。

[41] 胡必亮:《究竟应该如何认识中国的农业、农村、农民问题》,《中国农村经济》2003 年第 8 期。

[42] 胡必亮:《"关系"与农村人口流动》,《农业经济问题》2004 年第 11 期。

[43] 胡初枝、黄贤金:《农户土地经营规模对农业生产绩效的影响分析——基于

江苏省铜山县的分析》，《农业技术经济》2007 年第 6 期。

[44] 胡凌啸：《中国农业规模经营的现实图谱："土地 + 服务"的二元规模化》，《农业经济问题》2018 年第 11 期。

[45] 黄爱军：《苏南土地规模经营速度减慢的原因与对策》，《中国农村经济》1996 年第 11 期。

[46] 黄季焜：《推进以深化农村土地制度改革为突破口的新一轮农村改革创新：开创现代农业和城乡协调发展的新局面》，中国科学院农村政策研究中心工作论文，2008 年。

[47] 黄季焜、马恒运：《差在经营规模上——中国主要农产品生产成本国际比较》，《国际贸易》2000 年第 4 期。

[48] 黄佩民、孙振玉、梁艳：《农业社会化服务业与现代农业发展》，《管理世界》1996 年第 5 期。

[49] 黄宗智、彭玉生：《三大历史性变迁的交汇与中国小规模农业的前景》，《中国社会科学》2007 年第 4 期。

[50] 黄祖辉、陈欣欣：《农户粮田规模经营效率：实证分析与若干结论》，《农业经济问题》1998 年第 11 期。

[51] 黄祖辉、俞宁：《新型农业经营主体：现状、约束与发展思路——以浙江省为例的分析》，《中国农村经济》2010 年第 10 期。

[52] 李琮主编：《世界经济学大辞典》，经济科学出版社 2000 年版。

[53] 贾生华、田传浩、张宏斌：《农地租赁市场与农业规模经营——基于江、浙、鲁地区农业经营大户的调查》，《中国农村观察》2003 年第 1 期。

[54] 姜长云：《发展农业生产性服务业的模式、启示与政策建议——对山东省平度市发展高端特色品牌农业的调查与思考》，《宏观经济研究》2011 年第 3 期。

[55] 姜长云、席凯悦：《关于引导农村土地流转发展农业规模经营的思考》，《江淮论坛》2014 年第 4 期。

[56] 姜长云：《关于发展农业生产性服务业的思考》，《农业经济问题》2016 年第 5 期。

[57] 姜松、曹峥林、刘晗：《农业社会化服务对土地适度规模经营影响及比较研究——基于 CHIP 微观数据的实证》，《农业技术经济》2016 年第 11 期。

[58] 姜松、王钊：《土地流转、适度规模经营与农民增收——基于重庆市数据实

证》,《软科学》2012年第9期。

[59] 蒋和平、蒋辉、白雪:《农业产业化龙头企业兼并重组的主要模式研究》,《农业经济问题》2014年第9期。

[60] 蒋中一:《苏南农业现代化初期的土地制度试验——苏锡试验区的经验》,《农业现代化研究》1994年第6期。

[61] 江静、刘志彪、于明超:《生产者服务业发展与制造业效率提升:基于地区和行业面板数据的经验分析》,《世界经济》2007年第8期。

[62] 冀名峰:《农业生产性服务业:我国农业现代化历史上的第三次动能》,《农业经济问题》2018年第3期。

[63] 孔祥智:《为农、务农、姓农——从山东实践看供销合作社改革的出发点和归宿点》,《中国合作经济》2015年第9期。

[64] 孔祥智、穆娜娜:《实现小农户与现代农业发展的有机衔接》,《农村经济》2018年第2期。

[65] 孔祥智、楼栋、何安华:《建立新型农业社会化服务体系:必要性、模式选择和对策建议》,《教学与研究》2012年第1期。

[66] 李宾、孔祥智:《我国农业生产经营的制度突破:日韩镜鉴与启示》,《改革》2015年第1期。

[67] 李炳坤:《农业社会化服务体系的建设与发展》,《管理世界》1999年第1期。

[68] 李谷成、冯中朝、范丽霞:《小农户真的更加具有效率吗?来自湖北省的经验证据》,《经济学(季刊)》2010年第1期。

[69] 李光跃、彭华、高超华、杨祥禄:《农地流转促进适度规模经营的基本思考——基于四川省的调查分析》,《农村经济》2014年第7期。

[70] 李厚廷:《我国农业规模经营的实现路径》,《现代经济探讨》2015年第9期。

[71] 李恒:《农村土地流转的制度约束及促进路径》,《经济学动态》2015年第6期。

[72] 李启平:《我国生产性服务业与农业的关联性分析》,《求索》2008年第4期。

[73] 李瑞琴:《耕地可得性、规模经营与农户大田种植收入》,《宏观经济研究》2015年第1期。

［74］李俏、王建华：《农业社会化服务中的政府角色：转型与优化》，《贵州社会科学》2013年第1期。

［75］李相宏：《农业规模经营模式分析》，《农业经济问题》2003年第8期。

［76］李文明、罗丹、陈洁、谢颜：《农业适度规模经营：规模效益、产出水平与生产成本——基于1552个水稻种植户的调查数据》，《中国农村经济》2015年第3期。

［77］李一平：《推进农业生产性服务业发展的对策》，《湖南农业科学》2013年第20期。

［78］李周、于法稳：《西部地区农业生产效率的DEA分析》，《中国农村观察》2005年第6期。

［79］黎均湛：《农业规模经营问题探讨》，《农业现代化研究》1998年第2期。

［80］廖洪乐：《农村改革试验区的土地制度建设试验》，《管理世界》1998年第2期。

［81］廖西元、申红芳、王志刚：《中国特色农业规模经营"三步走"战略——从"生产环节流转"到"经营权流转"再到"承包权流转"》，《农业经济问题》2011年第12期。

［82］林毅夫：《小农与经济理性》，《农村经济与社会》1988年第3期。

［83］林善浪：《农村土地规模经营的效率评价》，《当代经济研究》2000年第2期。

［84］刘晗、王钊：《农业要素配置效率研究的文献综述》，《经济体制改革》2015年第2期。

［85］刘同山、孔祥智：《农业规模经营的支持措施、实现方式及改革思考——基于农村改革试验区的调查研究》，《农村经济》2017年第5期。

［86］刘凤芹：《中国农业土地经营的规模研究——小块农地经营的案例分析》，《财经问题研究》2003年第10期。

［87］刘凤芹：《农业土地规模经营的条件与效果研究：以东北农村为例》，《管理世界》2006年第9期。

［88］刘楠、张平：《我国农业生产性服务业发展存在的问题及对策》，《经济纵横》2014年第8期。

［89］刘秋香、郑国清、赵理：《农业适度经营规模的定量研究》，《河南农业大学学报》1993年第3期。

［90］刘清芝：《美国、日本和荷兰农业合作社开展科技服务的经验及其对中国山东省的启示》，《世界农业》2015 年第 12 期。

［91］刘守英：《制度创新是节地制度的实现基础》，《中国土地》2012 年第 5 期。

［92］刘守英：《集体地权制度变迁与农业绩效——中国改革 40 年农地制度研究综述性评论》，《农业技术经济》2019 年第 1 期。

［93］刘守英、邵挺、石光、周群力、王瑞民：《山东供销社试验：服务规模化与农业现代化》，《中国改革》2016 年第 6 期。

［94］刘玉铭、刘伟：《对农业生产规模效益的检验——以黑龙江省数据为例》，《经济经纬》2007 年第 2 期。

［95］陆一香：《关于我国农业规模经济问题的探讨》，《南京农业大学学报》1987 年第 3 期。

［96］罗必良：《农地经营规模的效率决定》，《中国农村观察》2000 年第 5 期。

［97］罗必良：《农业经营制度的理论轨迹及其方向创新：川省个案》，《改革》2014 年第 2 期。

［98］罗伊·普罗斯特曼、李平、蒂姆·汉斯达德：《中国农业的规模经营：政策适当吗?》，《中国农村观察》1996 年第 6 期。

［99］楼栋、孔祥智：《新型农业经营主体的多维发展形式和现实观照》，《改革》2013 年第 2 期。

［100］梅建明：《再论农地适度规模经营——兼评当前流行的"土地规模经营危害论"》，《中国农村经济》2002 年第 9 期。

［101］倪志远：《论我国农业适度规模经营的主要约束条件和实现途径》，《数量经济技术经济研究》1999 年第 1 期。

［102］农业部经管司、经管总站研究组：《构建新型农业经营体系　稳步推进适度规模经营——"中国农村经营体制机制改革创新问题"之一》，《毛泽东邓小平理论研究》2013 年第 6 期。

［103］农业部农村改革试验区办公室：《从小规模均田制走向适度规模经营——全国农村改革试验区土地适度规模经营阶段性试验研究报告》，《中国农村经济》1994 年第 12 期。

［104］潘锦云、汪时珍、李晏墅：《现代服务业改造传统农业的理论与实证研究——基于产业耦合的视角》，《经济学家》2011 年第 12 期。

［105］屈小博：《不同规模农户生产技术效率差异及其影响因素分析——基于超

越对数随机前沿生产函数与农户微观数据》，《南京农业大学学报（社会科学版）》2009 年第 3 期。

[106] 仇童伟、罗必良：《农业要素市场建设视野的规模经营路径》，《改革》2018 年第 3 期。

[107] 戚迪明、杨肖丽、江金启、张广胜：《生产环节外包对农户土地规模经营的影响分析——基于辽宁省水稻种植户的调查数据》，《湖南农业大学学报（社会科学版）》2015 年第 3 期。

[108] 齐城：《农村劳动力转移与土地适度规模经营实证分析——以河南省信阳市为例》，《农业经济问题》2008 年第 4 期。

[109] 钱贵霞、李宁辉：《粮食主产区农户最优生产经营规模分析》，《统计研究》2004 年第 10 期。

[110] 钱克明、彭廷军：《我国农户粮食生产适度规模的经济学分析》，《农业经济问题》2014 年第 3 期。

[111] 钱龙、洪名勇：《非农就业、土地流转与农业生产效率变化——基于 CFPS 的实证分析》，《中国农村经济》2016 年第 12 期。

[112] 乔颖丽、岳玉平：《土地流转中农业规模经营组织类型的经济分析——基于农户与规模经营组织双向层面的分析》，《农业经济问题》2012 年第 4 期。

[113] 任治君：《中国农业规模经营的制约》，《经济研究》1995 年第 6 期。

[114] 尚旭东、朱守银：《家庭农场和专业农户大规模农地的"非家庭经营"：行为逻辑、经营成效与政策偏离》，《中国农村经济》2015 年第 12 期。

[115] 邵晓梅：《鲁西北地区农户家庭农地规模经营行为分析》，《中国人口·资源与环境》2004 年第 6 期。

[116] 沈贵银：《探索现代农业多元化规模经营制度——对十七届三中全会关于农村基本经营制度创新有关问题的思考》，《农业经济问题》2009 年第 5 期。

[117] 石晓平、郎海如：《农地经营规模与农业生产率研究综述》，《南京农业大学学报（社会科学版）》2013 年第 2 期。

[118] ［美］西奥多·W. 舒尔茨：《改造传统农业》，梁小民译，商务印书馆 1987 年版。

[119] 宋伟、陈百明、陈曦炜：《东南沿海经济发达区域农户粮食生产函数研

究——以江苏省常熟市为例》，《资源科学》2007 年第 6 期。

［120］宋亚平：《规模经营是农业现代化的必由之路吗?》，《江汉论坛》2013 年第 4 期。

［121］苏旭霞、王秀清：《农用地细碎化与农户粮食生产——以山东省莱西市为例的分析》，《中国农村观察》2002 年第 3 期。

［122］孙新华：《农业规模经营的去社区化及其动力——以皖南河镇为例》，《农业经济问题》2016 年第 9 期。

［123］孙自铎：《农业必须走适度规模经营之路——兼与罗必良同志商榷》，《农业经济问题》2001 年第 2 期。

［124］谭林丽、孙新华：《当前农业规模经营的三种路径》，《西南大学学报（社会科学版）》2014 年第 6 期。

［125］田传浩、李明坤：《土地市场发育对劳动力非农就业的影响：基于浙、鄂、陕的经验》，《农业技术经济》2014 年第 8 期。

［126］童云、王新建：《土地流转后农业规模经营的包容性发展评价——基于熵值法的平原地区 A 市的典型分析》，《江西社会科学》2016 年第 11 期。

［127］万广华、程恩江：《规模经济、土地细碎化与我国的粮食生产》，《中国农村观察》1996 年第 3 期。

［128］王诚德：《农地经营规模与经济发展——对中国农业发展基础构造的理论思索》，《经济研究》1989 年第 3 期。

［129］王昉：《农村土地规模经营：目标与评价》，《农业经济》2003 年第 1 期。

［130］王辉、杨朝现、熊想想、杨和平、李雨彤：《新型农业经营主体农地规模经营效应评价——基于成渝区 313 个新型农业经营主体的调查数据》，《资源开发与市场》2018 年第 12 期。

［131］王嫚嫚、刘颖、陈实：《规模报酬、产出利润与生产成本视角下的农业适度规模经营——基于江汉平原 354 个水稻种植户的研究》，《农业技术经济》2017 年第 4 期。

［132］王培先：《适度规模经营：我国农业现代化的微观基础》，复旦大学博士学位论文，2003 年。

［133］王其南、范远谋、李仲源、徐亚平：《农业生产方式的深刻变革——北京市顺义县土地适度规模经营调查》，《农业技术经济》1989 年第 2 期。

［134］王钊、刘晗、曹峥林：《农业社会化服务需求分析——基于重庆市 191 户

农户的样本调查》，《农业技术经济》2015 年第 9 期。

[135] 王昭耀：《关于传统农区土地适度规模经营问题探讨》，《中国软科学》1996 年第 5 期。

[136] 王志刚、申红芳、廖西元：《农业规模经营：从生产环节外包开始——以水稻为例》，《中国农村经济》2011 年第 9 期。

[137] 汪发元：《中外新型农业经营主体发展现状比较及政策建议》，《农业经济问题》2014 年第 10 期。

[138] 汪建丰、刘俊威：《中国农业生产性服务业发展差距研究——基于投入产出表的实证分析》，《经济学家》2011 年第 11 期。

[139] 汪小平：《中国农业劳动生产率增长的特点与路径分析》，《数量经济技术经济研究》2007 年第 4 期。

[140] 汪亚雄：《南方农业适度规模经营分析》，《统计与决策》1997 年第 5 期。

[141] 魏景瑞、邹书良：《平度市"两田制"改革试验及其初步效应》，《中国农村经济》1992 年第 7 期。

[142] 魏晓莎：《日本农地适度规模经营的做法及借鉴》，《经济纵横》2015 年第 5 期。

[143] 魏修建、李思霖：《我国生产性服务业与农业生产效率提升的关系研究——基于 DEA 和面板数据的实证分析》，《经济经纬》2015 年第 3 期。

[144] 魏后凯：《中国农业发展的结构性矛盾及其政策转型》，《中国农村经济》2017 年第 5 期。

[145] 魏后凯、闫坤主编：《中国农村发展报告（2017）——以全面深化改革激发农村发展新动能》，中国社会科学出版社 2017 年版。

[146] 卫荣：《基于经营主体视角下的粮食生产适度规模研究》，中国农业科学院博士学位论文，2016 年。

[147] 卫新、毛小报、王美清：《浙江省农户土地规模经营实证分析》，《中国农村经济》2003 年第 10 期。

[148] 吴昭才、王德祥：《农业经营规模研究》，《农业技术经济》1990 年第 1 期。

[149] 吴桢培：《农业适度规模经营的理论与实证研究》，中国农业科学院博士学位论文，2011 年。

[150]《习近平关于社会主义经济建设论述摘编》，中央文献出版社 2017 年版。

[151] 夏益国、宫春生：《粮食安全视阈下农业适度规模经营与新型职业农

民——耦合机制、国际经验与启示》,《农业经济问题》2015 年第 5 期。

[152] 夏永祥:《农业效率与土地经营规模》,《农业经济问题》2002 年第 7 期。

[153] 肖卫东、杜志雄:《农业生产性服务业发展的主要模式及其经济效应——对河南省发展现代农业的调查》,《学习与探索》2012 年第 9 期。

[154] 解安:《发达省份欠发达地区土地流转及适度规模经营问题探讨》,《农业经济问题》2002 年第 4 期。

[155] 谢冬水:《农地经营规模与效率研究综述》,《首都经济贸易大学学报》2011 年第 5 期。

[156] 薛亮:《从农业规模经营看中国特色农业现代化道路》,《农业经济问题》2008 年第 6 期。

[157] 许惠娇、叶敬忠:《农业的"规模"之争与"适度"之困》,《南京农业大学学报(社会科学版)》2017 年第 5 期。

[158] 许庆、田士超、邵挺、汪学军:《土地细碎化与农民收入:来自中国的实证研究》,《农业技术经济》2007 年第 6 期。

[159] 许庆、田士超、徐志刚、邵挺:《农地制度、土地细碎化与农民收入不平等》,《经济研究》2008 年第 2 期。

[160] 许庆、尹荣梁:《中国农地适度规模经营问题研究综述》,《中国土地科学》2010 年第 4 期。

[161] 许庆、尹荣梁、章辉:《规模经济、规模报酬与农业适度规模经营——基于我国粮食生产的实证研究》,《经济研究》2011 年第 3 期。

[162] 许月明:《土地规模经营制约因素分析》,《农业经济问题》2006 年第 9 期。

[163] 许治民:《种植专业户经营规模适度分析》,《安徽农业科学》1994 年第 1 期。

[164] 徐雪高、沈贵银:《美国农产品市场信息服务的做法与启示》,《宏观经济管理》2014 年第 12 期。

[165] 徐志刚、赵小松、张宗利:《粮食规模经营支持政策资金的分配机制——基于社会资本与土地产出率的视角》,《西北农林科技大学学报(社会科学版)》2018 年第 2 期。

[166] 阎辉:《农民股权生不增死不减——广东南海试验区农村土地股份合作制的新探索》,《农村合作经济经营管理》1997 年第 7 期。

[167] 鄢姣、王锋、袁威:《农地流转、适度规模经营与农业生产效率》,《资源开发与市场》2018年第7期。

[168] 姚洋:《小农经济未过时,不该背"恶名"》,《财经界》2017年第3期。

[169] 杨汇泉、朱启臻:《新中国成立60年来农业社会化服务体系组织建构回顾及研究述评》,《华南农业大学学报(社会科学版)》2010年第1期。

[170] 杨小凯、张永生:《新兴古典经济学和超边际分析》,中国人民大学出版社2000年版。

[171] 杨雍哲:《规模经营的关键在于把握条件和提高经营效益》,《农业经济问题》1995年第5期。

[172] 姚洋:《小农与效率——评曹幸穗〈旧中国苏南农家经济研究〉》,《中国经济史研究》1998年第4期。

[173] 叶剑平、罗伊·普罗斯特曼、徐孝白、杨学成:《中国农村土地农户30年使用权调查研究——17省调查结果及政策建议》,《管理世界》2000年第2期。

[174] 曾蔼祥:《建立农业社会服务体系问题》,《经济研究》1984年第7期。

[175] 赵佳、姜长云:《农民专业合作社的经营方式转变与组织制度创新:皖省例证》,《改革》2013年第1期。

[176] 赵静、刘素梅:《构建和完善现代农业经济指标体系》,《宏观经济管理》2015年第2期。

[177] 赵鲲、刘磊:《关于完善农村土地承包经营制度发展农业适度规模经营的认识与思考》,《中国农村经济》2016年第4期。

[178] 赵晓峰、赵祥云:《农地规模经营与农村社会阶层结构重塑——兼论新型农业经营主体培育的社会学命题》,《中国农村观察》2016年第6期。

[179] 张光辉:《农业规模经营与提高单产并行不悖——与任治君同志商榷》,《经济研究》1996年第1期。

[180] 张海亮、吴楚材:《江浙农业规模经营条件和适度规模确定》,《经济地理》1998年第1期。

[181] 张恒春、张照新:《增产增收视角下玉米种植户适度规模分析——基于全国8423份调查数据》,《湖南农业大学学报(社会科学版)》2015年第3期。

[182] 张红宇:《现代农业与适度规模经营》,《农村经济》2012年第5期。

[183] 张红宇、张涛、孙秀艳、杨春悦:《农业大县如何发展农业生产性服务

业——四川省的调研与思考》，《农业经济问题》2015 年第 12 期。

[184] 张锦洪、蒲实：《农业规模经营和农民收入：来自美国农场的经验和启示》，《农村经济》2009 年第 3 期。

[185] 张乐、曹静：《中国农业全要素生产率增长：配置效率变化的引入——基于随机前沿生产函数法的实证分析》，《中国农村经济》2013 年第 3 期。

[186] 张照新、赵海：《新型农业经营主体的困境摆脱及其体制机制创新》，《改革》2013 年第 2 期。

[187] 张忠根、黄祖辉：《规模经营：提高农业比较效益的重要途径》，《农业技术经济》1997 年第 5 期。

[188] 张忠明、钱文荣：《农民土地规模经营意愿影响因素实证研究——基于长江中下游区域的调查分析》，《中国土地科学》2008 年第 3 期。

[189] 郑可锋：《浙江省粮田适度规模经营的完善与发展探讨》，《中国农村经济》1996 年第 4 期。

[190] 钟真：《改革开放以来中国新型农业经营主体：成长、演化与走向》，《中国人民大学学报》2018 年第 4 期。

[191] 中国土地制度课题组：《中国农户土地经营规模问题的实证研究》，《中国农村经济》1991 年第 9 期。

[192] 庄丽娟、贺梅英、张杰：《农业生产性服务需求意愿及影响因素分析——以广东省 450 户荔枝生产者的调查为例》，《中国农村经济》2011 年第 3 期。

[193] Aigner, D., Lovell, K. and Schmidt, P., "Formulation and Estimation of Stochastic Frontier Production Function Models", *Journal of Econometrics*, Vol. 6, No. 1, 1977.

[194] Alesina, A. and Rodrik, D., "Distributive Politics and Economic Growth", *Quarterly Journal of Economics*, Vol. 109, No. 2, 1994.

[195] Allen, D. W. and Lueck, D., "The Nature of Farm", *Journal of Law and Economics*, Vol. 41, No. 4, 1998.

[196] Bagi, F. and Huang, C., "Estimating Production Technical Efficiency for Individual Farms in Tennessee", *Canadian Journal of Agricultural Economics*, Vol. 31, No. 2, 1983.

[197] Bardhan, P., "Size, Productivity, and Returns to Scale: An Analysis of Farm –

Level Data in Indian Agriculture", *Journal of Political Economy*, Vol. 81, No. 6, 1973.

[198] Barrett, C. B., "On Price Risk and the Inverse Farm Size – Productivity Relationship", *Journal of Development Economics*, Vol. 51, No. 2, 1996.

[199] Battese, G. E. and Coelli, T. J., "A Model for Technical Inefficiency Effects in a Stochastic Frontier Production Function for Panel Data", *Emporical Economics*, Vol. 20, No. 2, 1995.

[200] Benjamin, D., "Can Unobserved Land Quality Explain the Inverse Productivity Relationship?", *Journal of Development Economics*, Vol. 46, No. 1, 1995.

[201] Berry, R. A. and Cline, W. R., *Agrarian Structure and Productivity in Developing Countries*, Baltimore: John Hopkins University Press, 1979.

[202] Bhalla, S. S. and Roy, P., "Mis – specification in Farm Productivity Analysis: The Role of Land Quality", *Oxford Economic Papers*, Vol. 40, No. 1, 1988.

[203] Browning, H. and Singelman, J., *The Emergence of a Service Society: Demographic and Sociological Aspects of the Sectoral Transformation in the Labor Force of the U. S. A. National Technical Information Service*, Springfield, Virginia, 1975.

[204] Carletto, C., Savastano, S. and Zezza, A., "Fact or Artifact: The Impact of Measurement Errors on the Farm Size – Productivity Relationship", *Journal of Development Economics*, Vol. 103, No. 3, 2013.

[205] Carter, M. R., "Identification of the Inverse Relationship between Farm Size and Productivity: An Empirical of Peasant Agricultural Production", *Oxford Economic Paper, New Series*, Vol. 36, No. 1, 1984.

[206] Carter, M. R. and Yao, Y., "Local Versus Global Reparability in Agricultural Household Models: The Factor Price Equalization Effect of Land Transfer Rights", *American Agricultural Economics Association*, Vol. 84, No. 3, 2002.

[207] Carter, M. R. and Wiebe, K. D., "Access to Capital and Its Impact on Agrarian Structure and Productivity in Kenya", *American Journal of Agricultural Economics*, Vol. 72, No. 5, 1990.

[208] Charnes, A., Cooper, W. W. and Rhodes, E., "Measuring the Efficiency of Decision Making Units", *European Journal of Operational Research*, Vol. 2,

No. 6, 1978.

[209] Chavas, J. P., Petrie, R. and Roth, M., "Farm Household Production Efficiency: Evidence from the Gambia", *American Journal of Agricultural Economics*, Vol. 87, No. 1, 2005.

[210] Chayanov, A. V., Thorner, D., Kerblay, B. H. and Smith, R. E., *A. V. Chayanov on the Theory of Peasant Economy*, Manchester: Manchester University Press, 1986.

[211] Chen, Z., Huffman, W. E. and Rozelle, S., "Farm Technology and Technical Efficiency: Evidence from Four Regions in China", *China Economic Review*, Vol. 20, No. 2, 2009.

[212] Coelli, T. and Battese, G., "Identification of Factors Which Influence the Technical Inefficiency of Indian Farmers", *Australian Journal of Agricultural and Resource Economics*, Vol. 40, No. 2, 1996.

[213] Coffey, W. and Bailly, A., "Producer Services and Flexible Production: An Exploratory Analysis", *Growth and Change*, Vol. 22, 1991.

[214] Conning, J. H. and Robinson, J. A., "Property Rights and the Political Organization of Agriculture", *Journal of Development Economics*, Vol. 82, No. 8, 2007.

[215] Cornia, G. A., "Farm Size, Land Yields and the Agricultural Production Function: An Analysis for Fifteen Developing Countries", *World Development*, Vol. 13, No. 4, 1985.

[216] Denison, E. F., *Accounting for Unite States Economics Growth: 1929 – 1969*, Washington: Brookings Institution, 1974.

[217] Deolalikar, A. B., "The Inverse Relationship between Productivity and Farm Size: A Test Using Regional Data from India", *American Journal of Agricultural Economics*, Vol. 63, No. 2, 1981.

[218] Fan, S. and Chan – Kang, C., "Is Small Beautiful? Farm Size, Productivity, and Proverty in Asian Agriculture", *Agricultural Economics*, Vol. 32, No. s1, 2005.

[219] Farrell, M. J., "The Measurement of Productive Efficiency", *Journal of the Royal Statistical Society*, Vol. 120, No. 3, 1957.

[220] Feder, G., "The Relation between Farm Size and Farm Productivity: The Role of

Family Labor, Supervision and Credit Constraint", *Journal of Development Economics*, Vol. 18, No. 2, 1985.

[221] Fleisher, B. M. and Liu, Y., "Economies of Scale, Plot Size, Human Capital, and Productivity in Chinese Agriculture", *Quarterly Review of Economics and Finance*, Vol. 32, No. 3, 1992.

[222] Foster, A. D. and Rosenzweig, M. R., "Are Indian Farms Too Small? Mechanization, Agency Costs, and Farm Efficiency", *Unpublished Manuscript*, Brown University and Yale University, 2011.

[223] Foster, A. D. and Rosenzweig, M. R., *Are There Too Many Farms in the World? Labor – Market Transaction Cost, Machine Capacities and Optimal Farm Size*, Social Science Electronic Publishing, 2017.

[224] Geo, W. R., "The Growth of Producer Services Industries: Sorting Through the Externalization Debate ", *Growth and Change*, Vol. 22, No. 4, 1991.

[225] Gillespie, A. E. and Green, A. E., "The Changing Geography of Producer Services Employment in Britain", *Regional Studies*, Vol. 21, No. 5, 1987.

[226] Gorton, M. and Davidova, S., "Farm Productivity and Efficiency in the CEE Applicant Countries: A Synthesis of Results", *Agricultural Economics*, Vol. 30, 2004.

[227] Hayami, Y. and Ruttan, V. W., *Agricultural Development: An International Perspective*, Johns Hopkins University Press, 1985.

[228] Helfand, S. M. and Levine, E. S., "Farm Sizes of Determinants of Productive Efficiency in the Brazilian Center – West", *Agricultural Economics*, Vol. 31, No. 2, 2004.

[229] Heltberg, R., "RuralMarket Perfections and the Farm Size – Productivity Relationship: Evidence from Pakistan", *World Development*, Vol. 26, No. 10, 1998.

[230] Huang, Philip C. C., *The Peasant Economy and Social Change in North China*, Standford University Press, 1985.

[231] Jaforullan, M. and Whiteman, J., "Scale Efficiency in the New Zealand Dairy Industry: A Non – parametric Approach", *Australian Journal of Agricultural and Resource Economics*, Vol. 43, No. 4, 1999.

[232] Jovanovic, B., "Selection and the Evolution of Industry", *Econometrica*, Vol. 5, No. 3, 1982.

[233] Johnson, D. G., "Does China Have A Grain Problem?", *China Economic Review*, Vol. 4, No. 1, 1994.

[234] Jondrow, J., Lovell, K., Materov, I. and Schmidt, P., "On the Estimation of Technical Inefficiency in the Stochastic Frontier Production Function Model", *Journal of Econometrics*, Vol. 19, No. 2, 1982.

[235] Kalirajan, K. P. and Huang, Y., "An Alternative Method of Measuring Economic Efficiency: The Case of Grain Production in China", *China Economic Review*, Vol. 7, No. 2, 1996.

[236] Kawasaki, K., "The Costs and Benefits of Land Fragmentation of Rice Farms in Japan", *Australian Journal of Agricultural and Resource Economics*, Vol. 54, No. 4, 2010.

[237] Kevane, M., "Agrarian Structure and Agricultural Practice: Typology and Application to Westen Sudan", *American Journal of Agricultural Economics*, Vol. 78, No. 1, 1996.

[238] Kislev, Y. and Peterson, W., "Prices, Technology and Farm Size", *Journal of Political Economy*, Vol. 90, No. 3, 1982.

[239] Kumbhakar, S., Wang, H. and Horncastle, A., *A Practitioner's Guide to Stochastic Frontier Analysis Using Stata*, Cambridge University Press, 2014.

[240] Laux, C., "Limited – Liability and Incentive Contracting with Multiple Projects", *Rand Journal of Economics*, Vol. 32, No. 3, 2001.

[241] Lucas, R. E., "On the Size Distribution of Business Firms", *The Bell Journal of Economics*, Vol. 9, No. 2, 1978.

[242] Markusen, J., "Trade in Producer Services and in Other Specialized Intermediate Inputs", *American Economic Review*, Vol. 79, No. 1, 1989.

[243] Marshall, A., Marshall, M. P., *The Economics of Industry*, London: Macmillan Publishers, 1879.

[244] Meeusen, W. and Van Den Broeck, J., "Efficiency Estimation from Cobb – Douglas Production Functions with Composed Error", *International Economic Review*, Vol. 18, No. 2, 1977.

[245] Nguyen, T., Cheng, E. and Findlay, C., "Land Fragmentation and Farm Productivity in China in the 1990's", *China Economic Review*, Vol. 7,

No. 2, 1996.

[246] Rao, V. and Chotigeat, T., "The Inverse Relationship between Size of Land Holdings and Agricultural Productivity", *American Journal of Agricultural Economics*, Vol. 63, No. 1, 1981.

[247] Reinert, K., "Rural Non-farm Development: A Trade-Theoretical View", *Journal of International Trade & Economic Development*, Vol. 7, No. 4, 1998.

[248] Rosenzweig, M. and Binswanger, H. P., "Wealth, Weather Risk and the Composition and Profitability of Agriculture Investments", *Economic Journal*, Vol. 103, No. 3, 1993.

[249] Schultz, T. W., *Transforming Traditional Agriculture*, City of New Haven: Yale University Press, 1964.

[250] Sen, A. K., "An Aspect of Indian Agriculture", *Economic Weekly*, Vol. 14, 1962.

[251] Sen, A. K., "Peasants and Dualism with or without Surplus Labor", *Journal of Political Economy*, Vol. 74, No. 5, 1966.

[252] Sheng, Y., Ding, J. P. and Huang, J. K., "The Relationship between Farm size and Productivity in Agriculture: Evidence from Maize Production in North China", *American Journal of Agricultural Economics*, Forthcoming, 2019.

[253] Singh, R., Kumar, A., Singh, K., Chandra, N., Bharati, R., Kumar, U. and Kumar, P., "Farm Size and Productivity Relationship in Smallholder Farms: Some Empirical Evidences from Bihar, India", *Journal of Community Mobilization and Sustainable Development*, Vol. 13, No. 1, 2018.

[254] Sumner, D., "American Farms Keep Growing: Size, Productivity, and Policy", *Journal of Economic Perspectives*, Vol. 28, No. 1, 2014.

[255] Townsend, R. F., Kirsten, J. F. and Vink, N., "Farm Size, Productivity and Returns to Scale in Agriculture Revisited: A Case Study of Wine Producers in South Africa", *Agricultural Economics*, Vol. 19, No. 1, 1998.

[256] Tschetter, J., "Producer Services Industries: Why are They Growing So Rapidly?", *Monthly Labor Review*, Vol. 110, No. 12, 1987.

[257] Wang, J., Cramer, G. and Wailes, E., "Production Efficiency of Chinese Agriculture: Evidence from Rural Household Survey Data", *Agricultural*

Economics, Vol. 15, 1996.

[258] Wu, Z., Liu, M. and Davis, J., "Land Consolidation and Productivity in Chinese Household Crop Production", *China Economic Review*, Vol. 16, 2005.

[259] Young, A., *The Farmer's Guide in Hiring and Stocking Farms*, London, England, 1770.

[260] Zaibet, L. T. and Dunn, E. G., "Land Tenure, Farm Size and Rural Market Participation in Developing Countries: The Case of the Tunisian Olive Sector", *Economic Development and Cultural Change*, Vol. 46, No. 4, 1998.

[261] Zhu, X. and Lansink, A. O., "Impact of CAP Subsidies on Technical Efficiency of Crop Farms in Germany, the Netherlands and Sweden", *Journal of Agricultural Economics*, Vol. 61, No. 3, 2010.

责任编辑：李甜甜
封面设计：胡欣欣
责任校对：史伟伟

图书在版编目（CIP）数据

中国农业适度规模经营问题研究／鄢姣著. —北京：人民出版社，2020.5
ISBN 978 - 7 - 01 - 022037 - 6

Ⅰ. ①中… Ⅱ. ①鄢… Ⅲ. ①农业经营—规模化经营—研究—中国
 Ⅳ. ①F324

中国版本图书馆 CIP 数据核字（2020）第 064660 号

中国农业适度规模经营问题研究

ZHONGGUO NONGYE SHIDU GUIMO JINGYING WENTI YANJIU

鄢 姣 著

人 民 出 版 社 出版发行

（100706 北京市东城区隆福寺街 99 号）

环球东方（北京）印务有限公司印刷 新华书店经销

2020 年 5 月第 1 版 2020 年 5 月北京第 1 次印刷
开本：710 毫米×1000 毫米 1/16 印张：13.25
字数：183 千字

ISBN 978 - 7 - 01 - 022037 - 6 定价：48.00 元

邮购地址 100706 北京市东城区隆福寺街 99 号
人民东方图书销售中心 电话：（010）65250042 65289539